書名：皇極數
副題：心一堂術數珍本古籍叢刊　星命類　神數系列　一

作者：題〔宋〕邵雍
主編、責任編輯：陳劍聰
心一堂術數珍本古籍叢刊編校小組：陳劍聰　素聞　梁松盛　鄒偉才　虛白盧主

出版：心一堂有限公司
出版社地址：香港九龍尖沙咀東麼地道六十三號好時中心LG　六十一
門市：香港九龍尖沙咀東麼地道六十三號好時中心LG　六十一
電話號碼：(852)2781-3722
傳真號碼：(852)2214-8777
網址：http://www.sunyata.cc
電郵：sunyatabook@gmail.com
心一堂術數珍本古籍叢刊網上論壇 http://bbs.sunyata.cc/

版次：二零一零年十二月初版
平裝：(四冊)

定價：港幣　九百八十元正
人民幣　九百八十元正
新台幣　三千九百二十元正

國際書號：ISBN 978-988-8058-57-0

香港及海外發行：利源書報社
地址：香港新界荃灣德士古道220-248號荃灣工業中心1609-1616室
電話號碼：(852)2381-8251
傳真號碼：(852)2397-1519

台灣發行：秀威資訊科技股份有限公司
地址：台灣台北市內湖區瑞光路七十六巷六十五號一樓
電話號碼：(886)2796-3638
傳真號碼：(886)2796-1377
網路書店：www.govbooks.com.tw
經銷：易可數位行銷股份有限公司
地址：新北市新店區中正路542之3號4樓
電話號碼：(886)82191500
傳真號碼：(886)82193383
網址：http://ecorebooks.pixnet.net/blog

中國大陸發行・零售：心一堂書店
深圳地址：中國深圳羅湖立新路六號東門博雅負一層零零八號
電話號碼：(86)0755-82224934
北京地址：中國北京東城區雍和宮大街四十號
心一堂網上書店：http://book.sunyata.cc

八千〇

一	五十七八	欲上青雲寔無梯從事經營富可期
二	二十一二	白雲終日放明月落誰家
三	二十一二	閨中順遂無求之樂
四	六十一二	高懸明鏡寬難隱澤沛甘棠德愈彰
五	四十一二	珠在掌中操縱自如
六	四十七八	燈火報喜〻事頻來
七	亥	亥運多美景事〻盡無虧
八	四十七八	不必營求衣祿自足
九		懷過人之志抱出衆之才
十	二十三四	流年亨吉

八千二

一		燕山之子數中符合
二	亥	亥運甚佳財源似水福孔嘉
三	亥	亥運事如何時至亨通喜氣多
四		煖回陽谷花開早身到泮池筆自句
五	四十三 四十四	如魚得水怏然自足
六		行藏多邁衆智慮俱過人
七	三十五 三十六	其年吉利事事稱心
八		二親俱有壽父先母後亡
九	四十五 四十六	美在其中暢於四支
十	二十一 二十二	煖回陽谷萬物發生

一 甲 謀事多般達门庭喜氣盈

二 艽三千 一朵浮雲掩日光弄璋何如弄瓦長

三 六十六五 四境聞絃治千里感德深

四 借問一生身外事遇龍之年是終程

五 問子三旬外得之方是寔

六 癸丑之年名登甲榜

七 亥 亥運之中似日融作事遂意更和平

八 父子俱出家一门積善来

九 二十八七 無禍無災安居自樂

三十 壬 壬運事〻通福祿盈〻喜〻氣濃

一	三十三	吉星相扶喚醒醉夢
二	十五六	紅鸞相照摽梅之年
三		不向红塵波上走惟耽風月靜中閒
四		萱花当先折嚴親在後亡
五	壬	壬運福祿盈好運之時便用心
六		功名早年淹沉中運方能進步
七	壬	運行壬運實可誇重々疊々錦添花
八	九月	周郎用盡千般计賠了夫人又折兵
九		魚水相歡分正副琴瑟協調詠關雎
八千〇四十	亥	亥運似舟隱寒江用意勞心反見傷

一 数有三子得以送老
二 三十四三 花正開時多艷冶若然結子必披離
三 運行正印福無餘恰似藏舟在小溪
四 三雁高飛一隻先投網中
五 運行正印恐不平行舟却用打梢公
六 三九四十 操舟波浪裡可知着力難
七 六九七十 仕途多順老境安康
八 兄弟八人一人不從
九 五十五 秋圍登科第月宮得意回
八千○五十 寒窗篤志發達不在乎早

一　同飛五雁二隻先傷

二　運行正印事称心風送行雲月正明

三　三十七八　操存舍亾求之在我

四　三九四十　不是舟人未有才大江風起船難行

五　三十　滿眼春色艷一天秋色明

六　若渇杏林春意好何須剩苦尋别業

七　三十一二　生花方是喜結子恐成虛

八　註定秋香遲寔結幼年先長壯丹枝

九　壬　但淂東風起扁舟渡萬山

八千〇六十　三十五六　天運循環陽和初轉

一　八千子弟歸何處揔是張良妙計人

二　兄弟八人先損二丁

三　出處交遊俱先達行藏遠大更無窮

四　志氣英豪磊落慷慨

五　慈幃先喪嚴親後亡

六　七十三四　知君仕途無阻碍名齊單父福綿

七　命主刑妻遲配還宜金石

八　二十一二　出門通大道從此保安康

九　安心樂田疇衣食不用憂

八千○七十　唐王陷在泥坑裏幸有白袍将扶身

一　廿八　忽明忽暗陰晴無定

二　好時拜相漢韓信褒封六國見蘇去

三　三十三四　漠漠天高徒增窮愁

四　辛　須求孟子三年艾莫下東宮太子賓

五　三十五六　景星慶雲和風甘雨

六　三十三四　寧鏗魯廟三緘口休覩曹娥八字詩

七　三十五六　幽谷生香色梅花報上林

八　十五六　吉星照命流年穩定

九　三九四十　寅子交來是刑傷芝蘭帶露更天香

八千八十　名卅癢序

一　二十五六　年當破耗
二　三雁齊飛下中斷惜離群
三　十五六　新月如鈎光明未展
四　七十三四　仕途變幻早退免辱
五　七十三　福壽康寧
六　四十五六　風景月華明高樓弄笛聲
七　二十五六　此時運已通貴人喜重〻
八　五十四　椿樹遭風折三年泣血哀
九　同飛雁陣三隻先傷
八千〇九十　腥賢自古無難事高遠從今好自期

一　二十一　漢王幸得丁公救反将恩意作仇人

二　二十二　遶樹三匝無枝可依

三　壬申之年名登黄甲

四　魏延又遭馬岱手阿斗軍中見忠

五　二十七　江頭值雨滿生（湖）侵曉楼臺水潮平

六　二十八　問利與名又不如利

七　桃杍春風花不結三秋桂噴一枝芳

八　三十七　佳人命無華嫁配郎無才

九　三十八　生兒須寄托育女免刑傷

八千一百　寅運是冲提門前枯木復生枝

一 兄弟五人三人不存

二 八十三 生子之年

三 早年順遂中年虛直待晚景事業俱

四 知君老至精神壯暮年景運更煇煌

五 七十 三四 福祿康泰室家安然

六 十九 二十 山高水深舟車難行

七 五十 七八 眉頭開展事淂張弛

八 七十 三四 仕途變幻解組而還

九 五行稟淂中和氣烈烈轟轟迥出羣

一百一十 蘇小門前休市酒小姑灘下莫行舟

一	壬	孔子不服饋來藥曾子須求海上方
二	五十 七八	灾晦相侵流年不定
三	二十九 三廿	凡事可謀善始善終
四	五十 五六	明月當空普照下山河大地悉光華
五	三十三	人事不齊祇多惆悵
六	八十 三四	生子之年
七		為人品格清俊踹量深沉
八	三九四十	弄璋難保久弄瓦壽元長
九		讀書應有分難擬步青雲
一百弍十		寅運莫怄龍樓鳳閣洊禎祥

一 一歲 柳放新綠映人耳目

二 二十 一二 名升庠序

三 八十 五六 数談生子

四 十一 六陰之象事不安寧

五 四十 三五四 花因結卉連根瘦柳為風吹帶絮飛

六 双親康樂享餘年異日風吹母在亡

七 四歲 新荷出水風雨又來

八 四十 五六 危橋歷尽桃源路通

九 六九七十 官訟交加事成畫餅

一百三十 戊 令日天羅，凶星退猶如飄蜂

一 乙 人為遠慮憂患近必有蕭墻為變憂

二 家計貧且苦一似雨中花

三 壬戌之年名登黃甲

四 啟後光前非俗子少年便自採芹歸

五 八十八七 生子之年

六 早年縱無莊子笑老來難免鼓盆歌

七 須待中運至有子可振依

八 其人穎悟超群胸襟磊落

九 命帶傷官作人繼室

一百四十 此刻水火之年遊泮方合之刻

一 四十一二 生花多保久結子恐妨失

二 許君案上題姓字泮水池邊採芹歸

三 紫衣人相引異路可成名

四 七十七八 人事從容老來清吉

五 五十六七 禪光日擁大室縱容

六 其人性聰傲物人中傑出入超群志量深

七 六十五六 雲收雨散日月光明

八 正室有花不結子娶滑偏房許生兒

九 順則千金一芥逆則一芥千金

一百五十 可惜青春如流水先拋父母入幽冥

一 乙 漢王殿上蛇生足天子門前犬發顛

二 椿枝先折萱花後落

三 戊辰之年名登甲榜

四 六十七八 燈花報喜々事頻來

五 弓馬入泮

六 文星連祿耀異路功名定可期

七 四十三四 紅鸞加白虎結子恐難成

八 兄弟二人一在空門

九 中年免鏡破暮景見釵分

一百六十 寅 寅運事々通千樹蟠桃一顆紅

一　　兄弟三人一在空門

二　二十四（三）　一腔熱血招是非

三　十一二　出水芙蓉點紅粧

四　戊　三汲浪中魚變化九霄雲外鳳翱翔

五　　兄弟四人三人不存

六　　椿萱享鶴登（等）母先赴瑤池

七　　非吏亦非儒九流以內人

八　　夫妻未得同偕老五人兩度是前緣

九　　桂蕊初虛秋後寔原來数定不能移

一百七十　　惜手青衿終身僅了一生書債

一 兄弟六人先損一丁

二 一生計較錙銖反不足於斗筲

三 早肄詩書思泮水歲寒然後知松筠

四 兄弟四人一在空門

五 漢有照君怨胡為子亦同

六 二十五六 喜事足嘉流年之慶

七 五旬之外運亨通事業興隆無意中

八 椿萱沾寵錫之封椿先折而萱後落

九 十五六 喪門相照孝服之咎

一百八六十 其人性質温良行藏恭儉

一 五十 五 六 弓馬入泮

二 雖無功名志還親大貴人

三 兄弟六人二人不存

四 一胎二女命照兩度紅鸞

五 兄弟五人一在空門

六 其人風火烈性其心最急

七 紅(結)髮未得同偕老還須錦帳偕鴛鴦

八 三十 七 八 梅花迥出群清香幽味深

九 丁丑之年名登黃甲

一百九十 正值花開爭艷色何期結子遇披離

一　三十五六　今年好運如人意利祿從新勝去年

二　兄弟六人半登鬼籙

三　寅　寅運正淂時皎月朗〻星更稀

四　兄弟六人一在空門

五　不從文武場中出數定君家一将[illegible]

六　其人賦性剛方机謀廣大

七　椿萱尊遐齡父命先歸西

八　四十七八　弄璋不宜應弄瓦

九　佳人淂同偕老鴛枕重交卜六年　末

八千二百　若無韓信張良計誰敢與兵過楚城

一　寅運交來事〻宜事〻宜方運轉奇
二　兄弟六人四人不存
三　蘭孫桂子成行立美産良田命内招
四　癸　莫説秦王干戈息不覺東吳又黙兵
五　兄弟七人先損一人
六　雖然基業微勤儉富可期
七　十一二　新花嬌艷色嫩緑白飛霜
八　家食固有餘勞碌無時息
九　財旺家豈子秀夫榮
二百一十　丙　牡丹卻是人間花偏向園林色更佳

一　三十七八　涼風已至楚王台煩热消除爽氣來

二　四九五十　弄璋君莫喜弄瓦淂安逸

三　双親同白首父先母後亾

四　雖然女命無科甲滿目繁華到白頭

五　七九八十　困來宜擇避枯木奈風何

六　問利五旬外大運方亨通

七　弄瓦與弄璋見之不久長

八　分有繼母我生嫡母

九　兄弟七人二人不存

百二十二

十　姻緣早配名門子蘭桂傳芳忝〻紅

一	五十三四	弓馬入泮
二	四十五六	春深莫怨無顏色最喜葵花向日紅
三		兄弟七人三人不存
四	二十五	每笑莊子賦今日君亦同
五	三九四十	臨流無渡壯子堪憂
六		兄弟七人数有四貴
七		生母寅年生
八	六十五六	仕途多荊棘還須舉步高
九	十七八	良辰美景人物維新
二百三十		数裏功名君有分休拋黃卷作閑人

一 二十四 杜鵑啼血淚月上四更人

二 兄弟七人四人不存

三 孫子麗涓曾共計回首空負昔年情

四 三十七八 簷前有鵲噪報喜又報晴

五 今生又托來生事覓得螟蛉續後支

六 寅年今不利一夕惹狂風

七 十六 歌鼓盆兮在今年

八 二十五六 二月桃花紅灼灼三月楊柳綠依依

九 三九四十 運逢寅字莫孤疑五年事事運通時

二百四十 喜氣洋洋十分春色快人意

一 二九三十 中流灘髙喜淂平潮相助

二 問名六旬外期子有前程

三 筆有天然造化工二旬之外入泮宮

四 壽箕天生八卦止修淂延年只在人

五 十五六 芙蓉初放秋江冷

六 河東三鳳君亦有之

七 其人天瓤其心剛柔相濟

八 問名與利正途不就異途人之成

九 寅字交來家門吉月到中秋分外明

二百五十 三十八七 不必問行藏進三而退五

一　送終有二子兩朶名花開

二　兄弟七人一開別樹

三　十三四　花外鶯声翠青草正遇春

四　七歲　淹〻哭侵流年不定

五　二十一二　名升庠序

六　出入詩書之府行藏仁義之風

七　十七八　喜氣洋〻桃紅柳綠

八　三十七八　虎咒出押征夫難行

九　子秀夫荣誰能及荣華直到白頭時

二百六十　寅字是一沖猶如白日向雷轟

一 二十一二 暗中模索處隙路有明來
二 二十 鏡破釵分鴛鴦散
三 縱然不是三場客異路功名事業成
四 五九六十 奇花逞富貴庭前正繁華
五 五九六十 南極星照人物光華
六 六十三 雨後江山彌秀麗風前花柳更婀娜
七 劳碌持家衣禄足桂蘭茂盛義方開
八 好事君須記荣身父孝臨
九 利子還益孫正家助家声
二百七十 蜀主不是三垂顧怎得孔明出茅蘆

一 夫是國學生員鄉多淑德相配

二 此刻由世襲都尉轉文職復由文升武方合翼宫

三 少享庇蔭之榮晚啟後人之業

四 寅運冲帶傷不損錢財也費心

五 克勤克儉能內助一生衣祿足安然

六 風捲浮雲日現天中

七 伯道無兒天意絕幸有假子繼宗支

八 舊恨新愁且莫問須知從此保安康

九 其人內急外寬性多狐疑

二百八十 心閑身不靜性急更心偏

一		其人賦性剛直無偏無私
二	五十七八	雲散月光明枯木遇陽春
三		交上甲運名利兩得
四		曾遊孔脭之門乃讀蕭公之律
五		正路青衿休指望異路功名定有期
六		青年跌破菱花鏡驚散鴛鴦再會期
七	六九七十	岩畔青松樹根盤石上生
八		寅字交來命運通利望就兮名望成
九	二十七八	運遇解神將來順利
二百九十		路旁紅光離土穴子龍懷內抱真龍

八千三百

一　曹公兵臨飛虎出趙雲懷內小龍眠
二　慈航普濟早證菩提
三　六十五六　晚年福有進貴子振家聲
四　寅　寅運頌甘棠廣布遠近揚
五　三十一二　机會未來大圖不如小就
六　十七八　天喜星臨人情舒暢
七　父當先逝母在後亡
八　雁行品字方成陣終始分飛各一天
九　三十四　喪門照臨棟樑當傾

此刻應招田舍夫方合此卦

一 當初因聽雲長計致使曹兵心胆寒

二 丙辰之年名登黃甲

三 青年得遇宗師識泮水生香人物奇

四 衣食有餘夫發福家門興盛子孫

五 田園守祖更增大詩書治謀善後人

六 九十五六 日月渇悠〻安閑樂無憂

七 寅運人變豹似竹抽林節〻高

八 兄弟十人数有一貴

九 十六 喪門相照憂及萱親

三百一十 孔明當日志氣高回首東吳一旦拋

一　蔡純賣計謀害主誰料益州劍下灾

二　越老越精神黃花晚節生

三　十三　喜星照耀人淂平安

四　孔懷緣分淺縱有也分離

五　甲　剪去榛蕪循大道撥開雲霧見青天

六　十七八　喜氣人增彩華堂景色新

七　岐嶺高峻前多行難

八　財利莫嫌遲晚來發福奇

九　其人性質仁慈無鄙吝氣稟温柔少矜驕

三百二十　起部名尊千古艷冬官化飭五材程

一	四九五十	門庭春色諸福駢至
二	十七八	名登庠序
三	十一二	福星當門無災無咎
四	三十二一	妄謀進取費力無成
五		寅運險奇人事乖張憂斷時
六	七十七	災晦相侵人事不寧
七		若無厖統連環計公瑾安得立大功
八		問利三旬外財源逐日增
九	五九六十	守舊安居平安之慶
三百三十		更業圖謀始發財田園豊裕不須猜

一　五十五六　狂風吹柳葉跳動不安寧

二　七十四　樹老根弱狂風折

三　三十一　雲淡月明花開雨晴

四　假為台閣三公貴令人欽扒古人刑

五　到處交遊容易投春風滿面貴人畱

六　二十五六　迢迢前路來通引花放重新喜有成

七　試看後園花果樹晚年丹桂一枝香

八　卧龍想欲争天下曾向長沙識魏延

九　申運帶刑睡覺東窓日已明

三百四十　二九三十　門外雨飄柴又濕灶前風急火難吹

一 結髮夫婦难偕老再嫁良人得齊眉

二 楚伯立業歸先主猶如失吞吴不平

三 五九六十 知音提挈去江山入畫圖

四 九十五六 吉曜相扶平安之處

五 晚年泮水揚名姓筆吐珠玑高萬人

六 一双玉手千人枕半點朱唇萬客尝

七 不用扳高圖富貴只圖農業樂終身

八 梨園讀尽千般樣也教及第早登科

九 十五六 美景良辰君莫負桃夭色麗正当時

三百五十 不繫凡塵於念慮惟修清淨在心怀

一 七月 入地早知誰是泮一塵不染白雲深

二 任他富貴繁華處寧作鷄鳴寂寞人

三 二十二 如花向日枝〻秀似笋出林節〻高

四 理义成仇恩中招怨

五 四子送老先天數定

六 五十二 母赴瑶池泣血三年

七 能振祖宗之箕裘更啟後嗣之基業

八 只因命帶刑傷煞妻宜遲交子亦遲

九 五九六十 老來致仕歸山隱一片丹心逐水流

三百六十 黃金久掩在泥沙貴人指引路光華

一 三十三四 不須進退方無偃蹇憂

二 其人忠厚立身天賦其性

三 五九六十 弓馬入泮

四 二九三十 日昇被雲迷時下暗光華

五 五十 險山積雪厚時見白雲飛

六 二十二 數該生子

七 十五六 喜氣人增彩華堂喜氣濃

八 二十五六 行路崎嶇撞過一程皆坦道

九 十九 夫配水火方合此卦

三百七十 八十一二 雲迷晧月災悔纏身

三百八十

一 六十七八 謝安選勝東山終朝樂情詩酒

二 七十一 泰山其頽哲人其萎矣

三 三十一二 上下無不和門庭喜氣多

四 十一二 且宜先退讓僅可免災厄

五 三十一二 子貴之年

六 四十七八 弓馬入泮

七 十七八 紅鸞相照見喜免灾

八 三九四十 命中犯朱雀口舌逼人來

九 送終無子以婿代之

十 十九二十 哀〻注〻主有刑傷

一 五十 七八 恩星相照官祿榮陞

二 六十九 文星冠入座天官居上鄉

三 四十 三四 謀為順利動止安祥

四 二十 五六 九月 日視天中光明普照

五 一枝鐵筆分生死三個金錢斷吉凶

六 十九二十 春晚挑花色艷芳華

七 白玉久掩泥在中朱衣中運露華濃

八 六十 三四 仕途成画餅解組樂林泉

九 四十 七八 命照武曲名登武榜

三百九十 七十 三四 花因結蕊連根瘦柳為風吹帶絮飛

三百八十

一	六十七八	謝安遷勝東山終朝樂情詩酒
二	七十一	泰山其頹哲人其萎矣
三	三十一二	上下無不和門庭喜氣多
四	十一二	且宜先退讓僅可免災厄
五	三十一二	子貴之年
六	四十七八	弓馬入泮
七	十七八	紅鸞相照見喜免灾
八	三九四十	命中犯朱雀口舌逼人來
九		送終無子以婿代之
十	十九二十	哀〻注〻主有刑傷

一	五十七八	恩星相照官禄荣陞
二	六十九	文星冠入座天官居上鄉
三	四十三四	謀為順利動止安祥
四	二十五六九月	日視天中光明普照
五		一枝鉄筆分生死三個金錢斷吉凶
六	十九二十	春晚挑花色艷芳華
七		白玉久掩泥在中朱衣中運露華濃
八	六十三四	仕途成画餅解組樂林泉
九	四十七八	命照武曲名登武榜
三百九十	七十三四	花因結蕊連根瘦柳為風吹帶絮飛

一　　好子紛〻擾路旁誰人敢做短和長
二　二九三十　掃尽長空放出蟾宮皎潔
三　七十五　樹老葉落終歸於根
四　　癸丑之年名登甲榜
五　五十三四　百福駢臻喜氣盈門
六　二十一二　海棠着雨洗却胭脂
七　　雙〻紫燕一隻高飛雲漢
八　　未畢歸而先過門是為養婦之数
九　三九四十　正宜奮志前飛去　好運相當處〻宜
八千四百　申運一刑真不佳不見硬石定損牙

一	十二	幼年見孝命帶刑傷
二		術紹麻衣與柳庄斷人善惡與灾祥
三		問利四旬外大運始亨通
四	五九六十	陽春隨柳來先起雪餘欢笑賞臈梅
五	三九四十	夏日炎威油然雨來
六	二十四三	紅鸞相照喜氣頻來
七	二九三十	未能光天終函暗日落星沉憂裡行
八		八卦數陳知禍福六爻點技識荣枯
九		荣高富貴百福攸宜
四百一十		乙未之年名登甲榜

一 二十 月下之年有些事輸兵之憂惱人腸
二 二十三四 無妄之灾陰功可免
三 十八 慈幃歸卅抱恨終天
四 六十八 人生七十古來稀君今缺二竟歸西
五 六九七十 山深路迷經指引賴照人
六 吟風弄月忘塵世暮楚朝秦渇歲華
七 七十五 舉步逢荆棘凶灾須要防
八 田園廣濶聲名重桂子臻芳朶朶荣
九 桂子叢生双結寔原來有数定先天
四百二十 十三四 花開似錦喜氣盈門

一　滿架名花姊妹八人

二　十歲　大風拔木根本難當

三　四十五六　武曲照命鄉榜名標

四　五十二　浮雲聚散人事迷離

五　五十三　賴有陰功終不可為

六　四十七八　今日離塵去親支旧九行

七　三十五六　燈花結蕊喜事頻來

八　六十九　北山杜鵑啼頻〻喚客歸

九　八十三四　問雨課晴安閒歲月

四百三十　若無公冶非其罪亦有函關阻孟嘗

一　四十一　好雨知時節當春几發生

二　七十四　梁木其頹哲人萎矣

三　六十三　六十四　良田種松竹操節自盤根

四　二十三　数該生子

五　能援條列操生殺淂掌威權震遐邇

六　十三四　如花淂雨春色宜人

七　六十一　六十二　浪恬風又靜過渡不遲疑

八　有姬姜之貞豈止能齊家

九　申運是一冲高帆忽遇打頭風

四百四十　斟酌四時元受納萬國禎祥

四百五十

一	六九七十	借流螢之光暗室微明
二		双〻雁陣同高舉一隻翱翔一長鳴
三	六十 二一	恩星照命官祿榮膺
四	四十 四三	武場聞報
五	十一二	韶光明媚人在錦叢中
六 七	五十七	稟世之年陰功可保
八		白日莫閒過名成姓自香
九	六十三	時逢太歲不測灾來
		桂樹叢生花不結晚來送老二枝傳
		問利四旬外方許遂其心

一　五十四　行人路崎嶇立馬待斜暉
二　早知垂太同爲啄將軍　起五湖人
三　鷂領緣分淺縱有也先飛
四　生母戍年生
五　十三四　紅鸞兼白虎逢吉又化凶
六　六九七十　入耳秋聲愁人離恨
七　十一二　白虎現形行人有驚
八　甲運逢荊棘當途路不通
九　運通財自旺家隆業自豐
四百六十　四十八七　初生嫩松栢栽向雪霜中

一		世事如棋局之新車在黃河將在心
二	四十 五六	無端風雨催春去落盡芳園桃李花
三	七十二 正月	流年吉神照災晦不相侵
四		黃金豈久在泥沙朱衣指引見光華
五	四十四	夢魂千里去恐使後人愁
六	二十 一二	鵲噪南枝頻頻報喜
七	六十 三四	恩星高照祿位高陞
八	十九廿	喜氣臨門夫當補廩
九	二十 七八	左右支持事總不濟
四百七十		秋風聽鹿鳴又叶熊羆之慶

一　幼年曾為讀書容不久又作商價人

二　酉　劝君莫取花中艾休飲盤蛇酒一壺

三　分有前母君産後母

四　其人氣宇深沉未可推測

五　聞説東君駕欲回水流花落兩相催

六　六十五六　楓葉一林霜金風飄飄寒

七　十八九　禎祥自來陰陽和合百花開

八　申樹帶刑仲（冲）摇樹擺是狂風

九　不入風波忘風味惟修道果悟禅机

四百八十　此刻應振（招）貿易之夫方合此卦

一 六九七十 隔江吹送三聲笛驚起幽人夜未眠
二 六十三四 灾晦相纏喜淂吉神化觧
三 六十一 夢魂不知何處是南山惟听杜鵑啼
四 申運行來冲帶刑定求觀音救萬民
五 遊翰苑而登玉階入清風而脫塵氣
六 十月 昨夜洞庭春風起只淂船移在岸边
七 癸未之年名登黄甲
八 三十七八 柳营春日暖营前人物康
九 四十一二 壽酒筵前賓客宴忽然莊子鼓盆歌
十 同飛四雁一对先傷

四百九十

一　己丑之年名登黃甲

二　六十七八　人多樂意家業興隆

三　二十三四　總帳蘭房家道清隆

四　三十六　一夕金風蔟三更玉露寒

五　五丁不鑿金牛路秦王何能淂併呑

六　早年順遂中年若晚又興隆發創奇

七　沿門乞丐口食萬家

八　運行申運正通津草故從新事〻興

九　生母屬鷄方合此卦

八千五百　命照武曲武圍淂捷

一　三十七八　窮愁相对拮据維难

二　四九五十　暮宿有賊防其踈失

三　申運佳星辰光喜慶年華

四　祇願曾元養曾子誰知顏路哭顏淵

五　七十九　壽數已尽难慶一新

六　此年行來無憂慮清閑樂意洞中仙

七　公𠑽能正為一方之保障

八　休嗟黃金埋塵土自有貴人提挈時

九　三十五六　生計順從行無不通

五百一十　問名一旬之外許君泮水之香

一	四十 一二	緣木求魚必不可淂
二	三十	斯時稱孤子方當而立時
三	二十 五六	月到中旬分外明
四	五十 五六	安居元吉平安之慶
五		借問一生身外事遇羊之年是終程
六		知君老至精神壯宝剎光華徒又昌
七		紫頭列姓字喜發泮池荣
八	三十 五六	陸地行舟用力艱難
九	十九廿	紅鸞照命快人意若無喜氣（慶）反為灾
五百二十		祖孫登金榜數中能有幾

一　六十三四　財物耗散如氷之解
二　十七八　芙蓉初結蕊獨自在私先
三　二十一二　灾晦纏綿难有喜色
四　五十一　思患豫防事乃克濟
五　四十七八　凡思皆有淂有欲必從心
六　姊妹三人大数有定
七　生來寒窓稽古籍晩年泮水自生香
八　享夫妻之荣居然快樂
九　此刻金水之年入泮水火年中舉方合此卦
五百三十　六十五六　恩星照命官禄荣膺

五百四十

一	二十 五六	水流花落多少不足
二		辛未之年名登甲榜
三	六十 五六	功名事就拱手安居
四	三十 五六	清風水面來芙蓉十里香
五	三十 五六	前頭人引路懷開自在行
六		其人深思遠慮事难决斷
七	二十 一二	演武及第
八	三十 三四	心中有事难言逢人强為欢笑
九	四十 三四	弓馬入泮
十		更喜老來多福祉清閑自在羨徒孫

一		以青而轉藍更進一層
二		雁行品字方成陣一隻青來一隻黃
三		命帶貴人定掐韜略之夫
四	三十 二一	謹慎終無咎災清禍亦消
五		君須苦志鷄窓下案頭列姓耀門庭
六		我生不辰五歲喪父
七	三十 四三	事成多益雲開方轉
八	六十 八七	恩星相照官禄荣膺
九	五十	荣登金榜日名揚四海時
五百五十		可恨春風路不必不暖寒不困人心

五百六十

一	四十五	同飛四雁一対先傷一在空門
二	三十七八	綠楊烱鎖伴黃昏愁听枝頭泣杜鵑
三	壬	楚樹吳花景色新燕舞鶯歌錦繡春
四	二十六	姑蘇城外寒山寺半夜鐘声到客船
五		母赴瑶池三年泣血
六	十七八	交上申運更勝前月缺雲開月復圓
七		彩雲扶日上秋水動潮來
八	六九七十	其人氣宇深沉未可推測
九	三十一二	恩星相照官禄荣膺
十		隴頭几點梅花發報道春光次第來

一 其人賦性忠直不驕不吝

二 文章追三代之前禮樂冠百王之上

三 六九七十 鼓腹而歌日煖風和

四 其人作事硬直多不讓人

五 出家不到頭究竟還俗

六 十七八 名登庠序

七 四十一 太陰行難度土計掩其光

八 五十一二 生花是喜結子是虛

九 三十七八 涉川時不利時來命運通

五百七十 妙略偉文儔頗牧壯猷徑武比孫吳

五百八十

一　老來徒輩能立志衣祿豐盈自悠〻

二　七十二一　恩星照命官祿榮膺

三　三十八七　花正開時又遭風雨

四　四十八七　終則有始先難後易

五　六十四　年來福自集老景自安康

六　二十三　名登金榜四海名楊

七　七十三　無榮無辱其為多福

八　五十四三　喜氣足佳光華滿室

九　五十二一　浮雲雖小害終事吉無疑

十　四十九　雲開山色麗風静竹平安

一　　說短說長三寸舌移北移南一片心

二　三十七八　祿勳星現官祿榮遷

三　七十一　榮華光泰事淂称心

四　　運步申無意栽花却滿園

五　　一生身外事馬年是終程

六　　数載寒窓稽墳典一朝泮水列名香

七　四十八　月缺花殘文星墜矣

八　十月　胸中事來往情意多覆反

九　十月　九里山前挑一陣楚王散去八千兵

五百九十　五十　孝服臨身嚴親永遊

一　二十一　花含露晚淚濕胭脂

二　二十二一　多因風雨花零落欲遊清流欠便舟

三　九歲　小舟被大浪定主有驚惶

四　三十八七　陰滯還相及剛中且待時

五　三九四十　多忌今不忌運轉人還喜

六　四十八　青雲生足下鄉科及第回

七　四九五十　人多樂意家業興隆

八　五十二一　梧桐秋月色把酒对知音

九　二九卅　利名來不來眉頭鎖不開

八千六百　丙　騎馬有意观山色失馬途中問塞翁

六百一

一 二十七八 春光正光菲不期風雨至

二 六十二 老來生子

三 幾番成來幾番散幾多變幻幾多更

四 六十二 鼓盆之歌难免於斯

五 七十歲 日晴宿陰〻晴無定

六 五十五六 晚光開霽色雲散月更明

七 三十一二 山岡轉過坦道相逢

八 申運名成利就大顯門庭

九 四十一二 順水行舟又得清風相送

十 八歲喪嚴親皆因命不辰

六百一 二十六 守旧無咎平安為福

二 呂蒙作病陸遜討志在雲長遇馬忠

三 八九〻十 南柯一夢身入華胥

四 四歲 無災無害流年之慶

五 十四 晦氣逼人流年有災

六 半鉢清泉雲外客一肩破衲寺中僧

七 申運交來步〻順一日千里一帆輕

八 四十二一 登高幸有梯奔步莫遲回

九 片〻雲外簷下落點〻細雨半珠璣

六百二十 五十八 雖有扁鵲復生奈何哲人數止

一　三十　五六　莫嘆生來無遇意喜逢新運稱心懷

二　四十九　年來大運淂亨通貴人招福樂興隆

三　二十　三四　飛符相照灾自外來

四　雁來嘹嚦双〻舞一隻高飛一獨鳴

五　交申望雲梯好向雲中借月梯

六　三十　一二　進步宜有待欲速反招愆

七　七十二　正月　薰風細雨微動繡簾

八　舟人下灘有一否石皮川光不光明

九　鴛鴦半路分飛去空房無語対銀灯

六百三十　七十二　日影已西沉回首不見人

一		終日彌陀忘世慮半肩破衲寺中僧
二	五十二	金風忽報秋江好快爾扁舟渡北湖
三	三十三四	事不机密又遭悔吝
四	三十七八	弓馬入泮
五	五十七八	雲收雨散春光暗度
六	四十三	幽魂已隨流水去壯志又逐落花飛
七		天為蓬島屋雲作錦屏山
八		奈何乘舟有未便青灯黃卷且徒劳
九	七十三四	恩星相照官禄榮膺
六百四十	三四歲	風中之烛光耀不定

六百五十

一 五十五六 進過前灘與後灘今日平安(水三)不為難

二 四十四四 大憂華胥去幽魂永不還

三 十九二十 名登庠序

四 再任把總數由前定

五 紫微星照官祿榮膺

六 八十七 天地常存年華殆盡

七 交上申運莫着煩好騎牛背入青山

八 繡幃重結鴛鴦帶花落花開爲再棲

九 四十一二 演武及第

十 壽短如花徒增老父之怨

六百六十

一	二十一二	終日苦奔馳劳碌几時息
二	十月	水漲有橋人不渡栁陰撑過小船來
三		美玉埋藏人不售功名両字揔成空
四	二十五	年來大刼难廷壽觧珮歸西不復還
五	二十六	仙翁壽尽矣飄然竟不还
六	九十一	命照喪門萱花墮矣
七	十七八	弄瓦方是吉弄璋定見傷
八		生母屬猴方合此卦
九	三十九	萱花已落陡然泣血之哀
十	四十一二	水漲長江急烱波萬頃迷

六百七十

一　花先果後寔子息自然生

二　三十一　方當壯年不幸父死

三　中運虛耗晚景興隆

四　十月　祥光重〻照喜事叠疊來

五　好事運推宜旧走当空望月萬里明

六　四十一二　迷失從前路淘源何處尋

七　四十一二　時運高強福祉益昌

八　少年行好運財源自通來

九　六十五六　病符相照幸有吉神化解

十　五十三四　鄉科及第又生麟兒

一　好修清靜福不入風塵中

二　身居營伍名列百隊

三　三十九　弄瓦在為吉弄璋必見傷

四　姊妹五人同父不同母

五　三十七八　氣喜昂昂謀事無阻

六　三十六　幸逢美運地花發正春時

七　七十五六　假使見危終獲福吉星相遇死中生

八　三十六　來年運已交貴人相扶自饒

九　三十五六　巧馬入泮

六百八十　三十九　畫龍點睛破壁高飛

一　七十四　文星墜落瀟湘水鑑外長江空自流
二　二十一二　閑花方是喜結子恐難存
三　二十三四　名升庠序
四　運來何必勞心力少年遊泮與人殊
五　是人乃在樊籠困不成商客不成儒
六　三九四十　人逢美事運花遇陽春
七　二十五六　可恨笑青復相迷陰陽徑度病相隨
八　五十五　令日片帆歸西去西風回首淚闌干
九　分有前母我生後母
六百九十　五十三四　虎嘯岩前威勢重

一　十月　莫道子規啼過去又見鶗鳥不堪聞
二　六十四　帝寵星辰近天恩雨露深
三　六十五六　淵明拜印歸山去詩酒黃花適性情
四　二十三四　欲東欲西心還未定
五　四九五十　運轉鴻鈞去復來回頭事人笑顏開
六　其人性緩心直無有隱秘
七　五十五六　喜自天來無心之處得生財
八　五十三四　陰功久積家門盛官顯榮身哥祿遷
九　二十三四　弄璋不久長弄瓦保無傷
八千七百　脫卻紅塵忘世俗半簾白雪與禪心

七百一十

一　一妻不能偕老二妻方可齊着

二　二十三 二十四　中秋有酒皆可賞淂意吹簫月自明

三　二九 三十　事机宜謹慎無是又無非

四　兄弟有八人樂奏兩般音

五　五十五 五十六　天喜星臨内外安寧

六　已　憂短憂長非是憂愁多愁少却是愁

七　七十三 七十四　財帛難聚着頭不開

八　頻年雪案親炙腥泮林春暖筆生花

九　六十七 六十八　病符相照难有喜色

十　六十七 六十八　一番人事多更變要行难辛路不平

一　五十五　椿樹有年暴風吹折

二　二十三四　漢王失志非无力豈記當初張子房

三　四十三　亏馬入泮

四　知君本是良家子當食朝廷一分粮

五　五十五六　花落无聲驚犬吠月明如鏡誤鷄鳴

六　庚　老鼠咬開倉孔壁猫兒等到二三更

七　七十三四　梁木其壞哲人萎矣

八　三十七八　演武及第

九　四九五十　仕途順遂流年之慶

弍百二十　二十五六　勿以花開喜結子恐难成

一 戊 不須撥草尋蛇打 寧可開籠放雀飛

二 庚 自是桃花方結子 却教人恨五更風

三 二十三四 名升庠序

四 六十九 金風飄桂栗 喜氣自生來

五 十九 幼年而亡 徒增長者之悲

六 五九六十 淵明解印歸山去 詩酒黃花適性情

七 哀哉風木順恨 椿木定在先

八 五十五六 昔受皇恩廩 今當出貢時

九 己 喜雀門前來報喜 一時又作老鴉啼

七百三十 其人性無主宰 內急外寬

七百四十

一　十月　隔江彈得琵琶响免得招君出漢城

二　二十三四　喜事足加光華滿室

三　七十一二　處高不傷雖危無咎

四　二九三十　太陽東升陰氣潛消

五　二十三四　莫貪意外之財謹守押中之兇

六　四十八　傷心氣欲斷淚落滿胸膛

七　一夫不能偕老二夫方可齊眉

八　十月　不怕東風來散柳久愁秋雨打梧桐

九　十一　夕陽西落已時黃昏

十　路悠悠而環轉人擾世以逢迎

一　三十二一　勞〻碌〻曾無休息

二　三九四十　鑽木取火掘井得泉

三　十月　乍雨乍晴新歲月半凶半吉春水流

四　五十二一　政簡刑清和平之治

五　十二　晦氣相侵流年欠利

六　桓文之子天性定何必双生入庙庭

七　杏林春暖培千樹橘井泉香活萬家

八　申運　名掛營中常行善事

九　二十七　天奪之壽亡在此年

七百五十　十月　盆水成河海乾坤自家操

七百六十

一　入贅成婚前生註定

二　二九三十　調叚事更新享福又過人

三　辛　花開雨打顏色暗月逢雲陣又阻光

四　十九二十　閒觀黄鳥遷於喬木

五　五十七八　人旺發財多家隆子又昌

六　十一月　魚潛涸池精神困為入籠中翼难飛

七　十一月　馬行千里燋途遠人到鳥林恨日陰

八　三九四十　命照武曲鄉科及第

九　十六　幼年数尽徒增者長之悲

十　十九二十　治宜青龍事〻從容

七百七十

一		非文非武營伍幕賓
二	二十七八	莫然（怒）東風急好花春正開
三	八歲	嫩草侵霜色定見萎
四		庚戌之年名登金榜
五		此劍金水之年成名金木之年進步方合此卦
六	三十三四	潯陽江上吼報道有潮來
七		生女（母）屬犬方合此卦
八	庚	五里平途騎駿馬一江活水化成龍
九	十一月	石上有泉如淚落口中无味恐心酸
十	二十一二	千岩錦繡青翠奪目

七百八十

一　五十八　卌事如春夢浮生倏忽頃

二　中鑽勤劳助夫有益

三　身居軍營能文能武

四　庚運　南土無心迎魏武東風有意助周郎

五　十二　命犯天乚前生註定

六　九歲　幼稺無灾危流年有吉昌

七　托依母旧得以成立

八　三十五六　千里片帆輕波平浪不驚

九　五十三四　光景勝于中年如春花之茂發

十　三更出谷鷄啼早馬脫西秦放孟嘗

七百九十

一 四十六 晴天雷吼君家有忍

二 四九五十 人生錦叢裡春暖百花香

三 三歲 皓月無雲掩清暉愈愛人

四 十一二 三春桃李到處成溪

五 三十二 壯年登金榜名揚四海知

六 四十一二 日麗中天光明普照

七 二十九 花開未久春光尽可惜瓊筵一旦傾

八 六十一二 劝君早作歸山計近水楼台終是空

九 姊妹四人方合此刻

十 喜氣盈盈華堂生色

一 七九八十 老景安康平善之慶

二 甲運 猛虎傍山增胆志潛龍淂水長精神

三 二九三十 日出不堪雲掩映花開怎奈雨飄零

四 数有不幸当死非命

五 四十三 福履悠悠家道廸吉

六 数有偏財目當帶疾

七 四十 春酒今當熱、欢然醉比隣

八 六九七十 五鬼猖狂災晦不免

九 早歲發財如湧泉中年淂時如雷電

八千八百 四十九 萱花落地三年泣血

一		掌将略之权柄壮帝室之威灵
二	五十二	尝尽千般苦咀味渐回甘
三	五十九	寒鴉棲木日沉西回首東山事〻非
四	六九七十	嵗暮陰陽催短景春寒秋热壽無多
五	二十九	意之所志無憂無慮
六		勤儉終身財發外地
七		己未之年名登甲第
八		兄弟三人数有二貴
九	三九四十	弓馬入泮
八百一十	五十四三	甘棠膏雨潤政善兆民忻

一　丙運　池魚又怕山前獺家雞須防屋後貍

二　五十一 二　閱鎖芳亭日門庭細柳春

三　諸葛有囊多妙計惹起朔風

四　五十三 四　一朝天賜佳音至功顯名高遠近聞

五　一生身外事吒年是終程

六　八字盤中分貴賤五營（行）數內辯榮枯

七　武略無敵公候干城

八　二十二　青雲扶足下丹桂一枝芳

九　昨日太陽山下落今朝莊子鼓盆歌

八百二十　二十五 六　演武及第

一 三雁翱翔一隻先傷

二 手持軍器口食天禄

三 進士及第啟後光前

四 術紹岐黄藝精盧扁

五 十一月 張英計用磊水 誰知引動西江兵

六 二九三十 花飛春欲去春留意轉愁

七 司馬才名重羊公惠愛深

八 文廣若棄岩下劍惹動秦王動点兵

九 十七八 整頓琴瑟不負良辰美景

八百三十 戊運 半夜雷鳴难下雨忽然風起捲波濤

一　命中官星不顯應招田舍之郎

二　若無緋衣陽関憂亦有馬上雪衣人

三　六十四　風中之烛光照不定

四　惹浔孟德撞関過恐有周郎赤壁臨

五　我雖子遅賴有庶生

六　四十五六　保城保民城固民寧

七　四十一二　妻　親匕

八　三十三四　小舟波浪裏飄拂有驚惶

九　一歲　令有関煞一週而亡

八百四十　三十七八　弓馬入泮

一 自古山河壯帝主徒得苦口諫刘璋

二 六十三 南極吉星照其年喜氣多

三 一世無妻命孤辰寡宿齊

四 十一月 曹兵圍困無門避幸承三顧出茅廬

五 問睛課雨鼓腹而歌

六 五十 五六 佈恩澤于一時垂芳名于萬世

七 四九五十 喜事相逢泰家業漸〻昌

八 任君弄尽千般藝不離營伍一名兵

九 二十 五六 枯水逢君至芳菲景物新

八百五十 三十 七八 懷武怀忠動夷狄王祥行孝感穹蒼

一 六十一 陽關一曲斷腸歎草色青〻別故人

二 十一月 的盧夜到枟溪岸到此須加着力鞭

三 三十三 鹿鳴得宴又兆夢熊

四 六十一二 黃菊綻東籬秋色勝春時

五 三十五六 保國安邦萬民樂業

六 十三四 暗箭飛來几被傷路当險處有徬徨

七 六十三四 高枕北窓下鼓腹樂堯天

八 三十七八 財帛勃然湧泉而上

九 十七八 旭日正芬芳春風吹綠

八百六十 十五六 狂風禦落枝难定浪裡孤舟櫓不寧

八百七十

一	二十七八	灾晦相侵流年不寧
二	四九五十	高枕北窓下悠然自得時
三		身居營伍之中
四	六十一二	朝霞映日彩色交加
五	二十七	母赴瑶池三年泣血
六	二十四	金榜題名進士及第
七	丙運	雷声震〻風雨至花遇晴時氣象新
八		跨馬從戎命帶將星
九		的盧當日到檀溪又見吳候敗合肥
十	十三四	安然獲福倬爾漸昌

一　十一月　好似合針吞鉤線刺人肚腸惱人心

二　幼年承繼数該兩度双親

三　三十一二　前途有招呼驚惶一点無

四　六十五六　晚添好景衣禄無憂

五　賣花人在門前過照破粧中鏡裏人

六　十一月　昨夜两推三経菊今朝風羆一池蓮

七　生母属猪方合此卦

八　結髮佳人難共老窮寵再娶始同偕

九　四十七八　水漲春江急扁舟可緊行

八百八十　二十四　青雲得路鄉試名揚

一　丁運　漫把菱花朝裏面金蓮休向井边行

二　三十一　天奪其算卌外逍遥

三　暫為枳上之鸞竚看棲梧之鳳

四　二九三十　甘雨隨車群歌樂利

五　四十一　四十二　一片白雲透户門庭孝服来臨

六　四十三　四十四　一泓秋水色眼前好景多

七　雨久泥深程愈滑鞋尖脚小路难行

八　三十五　三十六　心映氷壺坐見潘花馥郁

九　丁運　野花不種年〻有煩惱無根日〻生

八百九十

十　謀生務本一世無憂

一 二十一二 病符相照災眚頻來

二 四十三四 鑿井渴泉汪然水出

三 六十五六 幾多煩惱几多愁變幻身匕事々更

四 紗窗月照閨門好庭院春深燬畫堂

五 四十一二 雨沾春色園林茂月照秋天宇宙新

六 子息生而不久命犯天狗

七 十一月 風雨摧花顏色淡椅欄幾度悶怀深

八 三十七八 善政廣敷民物安舒

九 冷热夜夢花蝴蝶風雨迷人石麒麟

八千九百 深閨暗裏生憔悴悶托香腮懶出房

一　　營伍之中最有名跨着良馬任前行

二　三十三四　雲收雨散日月光明

三　五十七八　閒把酒盃消夜月無心名利暢天懷

四　　其人操狹量小畏首畏尾

五　甲運　雨過上林花添淚風過寒潭水皺眉

六　　不幸夫君先下世空餘紅燭伴黄昏

七　六十五　斷年之憂斯年不免

八　　鳩生母身亡命大叔

九　四十七八　花滿河陽縣琴鳴单父堂

九百一十　四十五　琴瑟無音祇緣絃斷

一　此卦火木之年入泮方合此刻
二　四十九五十　靜中心地泰喜色上眉端
三　十一月　十里青烟罨綠柳一彎風雨謝花衣
四　此刻姊妹三人方合此卦
五　三十五六　玉輪光皎潔景色忽然新
六　二十三四　暗中摸索處星斗忽輝煌
七　隔山臨河琵琶响聒陽宮裏恨無言
八　早辰淹〻暮安然中間別有杏花天
九　此刻数有八子方合此卦
九百二十　辛酉之年名登黃甲

一	甲	可恨東風飄苦雨雲迷月缺掩清光
二		天絕爾後臨終有婿
三		此刻二妻房火木或死于木土陰行陽世方合
四	二十三四	旌旗色動士卒劝騰
五	十一月	早聽蒯通之言免遭陰人之手
六	五十七八	弹琴解愠民歌化日
七	四十五	青雲得路折桂蟾宮
八		今時不喜琵琶動回後还聞莊子歌
九	二十五六	常處不足少樂多憂
九百三十	二十一二	日中辰現斗先暗後分明

一	五十	年逾知命萱堂壽終
二	甲	豈云有樂郎為樂莫道無憂便是憂
三	四十二一	中秋月餅光照萬里
四	七十二一	更借陰功修福壽栽培詎料老松多
五		匡人有意圖陽貨夫子無心問伯牛
六	二九三十	雨淋芳草轉根生綠
七		耕牛為主遭鞭打悪婦傾盆奪夫權
八		承祖基而光大何止守成
九	十二月	花落不語先辞樹流水無声自入池
九百四十	三十八七	貴人點頭其利可求

一 四十九 可得惟中正安然自吉康

二 三十三 北堂萱草萎三年泣血哀

三 五十五六 老當益壯玩月採花

四 三十六 数該生子

五 二十四 太極照耀人物光華

六 中年發福莫嫌遲否去泰來数預知

七 五十三四 卜云其吉終焉永藏

八 勒馬難追千里驟只宜守旧作生涯

九 甲 船在江心遭風雨几多悶事卦心頭

九百五十 此刻兄弟八人方合此宮

一 姊妹六人同父異母

二 霸王力大無謀略八千子弟恨張良

三 此刻(金木)納音合(父母)生年(火水)納音合(父母)死年方合

四 女命操持吉又祥淑人内助得賢良

五 十九二十 流年不利大運未至

六 五十三四 皓月被雲遮人事不光華

七 二十八 母赴瑤池鮮明抱痛

八 船進巫江牢把舵前边多少石灘頭

九 命帶文昌夫主秀士

九百六十 乙運 莫道炎天無冷處須知寒煖不調和

一　十九廿　名升庠序
二　数載寒窗名未成不如錙銖称心
三　七十四三　莫道時運好須防有災侵
四　造物多福貴人妻室
五　四十八七　好運日催人圖謀事〻成
六　四十九五十　浪淨波恬扁舟穩渡
七　五十四三　総是吉無疑安然福自隨
八　六九七十　樽俎謀為封疆倚頼
九　愁將玉眼觀蝴蝶懶抱金針繡鳳凰
六百七十　六十一　朱顏良易老猶如逐春風

一　三十七八　好運正途時福祿處處宜

二　四十三　柳營春試馬虎帳夜談兵

三　寒虫唧唧潛黃葉雨打梧桐葉又飄

四　其人臨事慷慨意氣如虹

五　五十三四　瓊花正發荣不意風吹折

六　四十五六　太陽相照人物光華

七　五十一二　輕舟遇大浪一喜又一憂

八　寒風一陣門前過滿面憂容上着端

九　五十一二　不覔一番東風起吹落枝頭几点紅

九百八十　四九五十　歸令風霜肅声名宇宙知

一		五雁先飛二隻被傷
二	五十四	数該生子
三		一朶名花侍巾櫛怎奈花開結子遲
四		命中有刑傷婚姻不宜早
五	十三	凶神相攻人逢大劫
六	乙運	三春花好遭雨打中秋月朗被雲遮
七	六十三	虎賁鴻猷民歌樂業
八	六十	道路皆坦
九	六九七十	既望之月其光漸減
九百九十		雖喜不喜月有盈虧

一 四十五六 元亨利貞至美之象

二 銷金帳內春色滿孔雀屏開燭影紅

三 十五六 天喜照命流年免灾

四 庭幃妯娌相和順机杼無羅自滿箱

五 七十 犹有餘先（光）可分

六 三十七八 宿雨正逢春萬物自敷荣

七 翼德橋頭呼一聲倒流江水退曹兵

八 江中救危主青史姓名標

九 高設絳帳儲英髦奮志琢磨勵後人

九千 正月 生財有道

九千零一		雖係花粉賤質終歲連理双棲
二	二十七八	運至時行萬事從心
三		父命甲子生
四	三十一二	運至高强謀為無阻
五		兄弟登科第天佑積善家
六	十七八	紅鸞相照定主添喜
七		夫小廿一年夙締好良緣
八		母先逝父属犬
九		甲子之年武科及第
九千一十	元三十	安然无事流年之慶

九千二十

一	五十七 八	財喜並進事業更新
二		夫妻同年姻緣夙定
三		父命丙子生
四	四十三 四	君欲渡江去風波恐難行
五	戊運	斯運最為奇行藏無不宜
六	十九 二十	天喜炤命宅內添丁
七		夫小一年姻緣夙定
八		流年清吉
九		丙子之年武科及第
十		運行巳字十謀九就

一 庚運 君行庚字運名利成就時

二 細君小一年夙昔締良緣

三 父命戊子生

四 此刻父母同病鼠方合斗度

五 三九四十 喪门相炤不無哀痛之吁

六 二十二 吉事擁门添丁氣象

七 夫小二年姻緣夙定

八 身入空门原欲空禁何終日在塵中

九 戊子之年武科及第

九千三十 四十四三 風揚梨花滾作毬飛去上人頭

九千四十

一 二十八七 欲挽沉香爇綉戶坐將水月洗塵埃

二 夫人小二年緣由月老牽

三 父命庚子生

四 父屬鼠母屬牛數中同並

五 三十六 名登黃甲風雲際會

六 二十三四 門庭多吉喜氣添丁

七 夫小三年風締良緣

八 二十八七 无妄之災流年不免

九 庚子之年武科及第

十 運至傷官中居官樂融融

一 六十六 人立危橋中舟行巨浪中

二 缘法一線牽君婦小三年

三 父命壬子生

四 父屬鼠母屬虎方是先天註定

五 元年 月照楼台光明氣象

六 二十五六 吉星高照添丁之喜

七 夫小四年姻緣前定

八 際會和年身安心樂

九 壬子之年武科及第

九千五十 三十七八 江边楊柳枝枝綠岸上榴花朵朵紅

一　四十三　門户自安是非奚來
二　內子小四年數已注先天
三　父命乙丑生
四　父屬鼠母屬兔先天注定
五　傷　洩氣之運未為平船到灘頭恐有驚
六　二十八七　添丁之年
七　夫小五年姻緣前定
八　二十二　順利安然福祿綿綿
九　傷官之運數不仁五年只有兩年興
九千六十　癸運　數行癸運未歡心貴人不遇事紛紛

九千七

一 身穿僧衣不脱塵到老難为自在人

二 妻小五年姻缘前定

三 父命丁丑生

四 父属鼠母属龍方合兄宮起数

五 但看数雁同飛宿二隻先投羅網中

六 元九三子 吉星炤耀添丁免灾

七 夫小六年先天預定

八 知君命帶天狗煞早年淂子足虛花

九 癸運 癸字運不祥棘荊当謹防

十 乍暖梅舒秀初晴柳放妍

九千八十

一 癸 癸字運不祥凡事須謹防

二 紅絲月老牽細君小六年

三 父命己丑生

四 父屬鼠母屬蛇方合坎宮

五 父死於家身在外陟彼岵兮痛何言

六 三十二 穷入室中見喜可免

七 夫小七年先天註定

八 壬 壬子之運救不仁猶如白日被雷驚

九 九十四三 倉箱盈裕福寿康寧

乙卯之年武租及第

九千九十

一	十九二千	柳葉微〻綠桃花淡〻紅
二		夫人小七年夙昔締良緣
三		父命辛丑生
四		父屬鼠母屬馬方合兑卦
五	三十七	榮登金榜四海揚名
六	三十四三	祥光相照定主添丁
七		先天註定夫小八年
八	四十八七	知進知退安居慮危
九	三九四十	畫水無魚空有浪繡花雖好不聞香
十		丁卯之年武科及第

一　口誦經文身逐塵知君不是別塵人
二　內子小八年姻緣非偶然
三　父命癸丑生
四　父屬鼠母屬牛方合坎宮起數
五　數有五子得以送老
六　二十五六　祥光入命來添喜又進財
七　夫小九年夙締良緣
八　七十八　桃花正發萬卉爭妍
九　二十二一　梨花帶雨棚縈隨風
九千一百　己卯之年武科及第

一　十九 二十　月落郊原吟雁、白露飛

二　君妻小九年不信問先天

三　父命甲寅生

四　父屬鼠母屬猴方合離卦

五　二十三 二十四　先天 一樹碧桃春灼灼東風吹落萬年枝

六　三十七 三十八　喜氣臨门進喜添丁

七　天作之合夫小十年

八　二九 三十　柳絲新歲雨梅帶隔年寒

九　五十六八　雖喜不喜逢凶不凶

一百一十　辛卯之年武科及第

一　六九七十　薄雲籠皓月細雨浥梨花

二　內子小十年作合總由天

三　父命丙寅生

四　父屬鼠母屬雞方合此卦

五　出胎便剋母自幼痛失恃

六　三九四十　瑞氣滿庭芳定主添丁祥

七　夫小十一卜云其吉

八　天命臨命子艱辛早生之子須寄托

九　二十八七　流年吉慶事業更新

一百二十　癸卯之年武科及第

一 四十七 風拂雨沉沉花柳倍精神

二 內子小十一先天數已悉

三 父命戊寅生

四 父屬鼠母屬犬方合艮宮

五 五十一 雷聲雖大却無雨放下閑心且自寬

六 四十二 和氣藹祥光添丁事業康

七 夫小十二緣由夙締

八 桂子蘭孫忠厚報家庭和氣日吉昌

九 須知二雁同飛下一隻先投羅網中

一百三十 九十七 吉凶同途切宜謹防

一　五馬高封甘棠改芳名遠播承　欽命

二　夫人小十二良緣由凤締

三　命庚寅生

四　父屬鼠母屬猪先天預定

五　癸運　癸字之運行數中細雨濛濛路不通

六　四十三 四　和和氣氣集门庭添丁事業新

七　夫小十三年姻緣非偶然

八　四柱無才却用財福德重重不須猜

九　九十七 八　日出扶桑耄期安康

一百四十　二十七 八　祥光照臨百事稱心

一 癸運 教行癸運事稱心東西南北任君行

二 夫人小十三歲昔結良緣

三 父命壬寅生

四 双親同屬牛先天早註定

五 丙運 君行丙運事事通貴人援引喜相逢

六 四十五 喜星相照主添丁若無喜事心不寧

七 夫小十四年紅絲牆裡牽

八 三十八 榮登金榜四海揚名

九 母死于家男在外陟彼屺兮血淚漣

一百五十 八十四三 柳絮怕經新歲雨梅花卻喜東風吹

一	四九五十	家门值清泰順境真可愛
二		尊闈小十四音緣由夙締
三		父命乙卯生
四		父属牛母属鼠先天數定
五	四十七八	吉曜臨门庭添丁事更新
六	癸運	數行天財定可親從事修途名望成
七		發達之子得一而足
八	癸運	癸字之運行數中祿位居尊財自豐
九	八十四三	天迎月亂依世好人事蹉跎竟不同
一百六十	偏財	四柱多才宜用才財多總怕日干衰

一 偏才 僧服俗行有辱梵境

二 君家好逑小十五 黽勉同心內輔汝

三 父命丁卯生

四 父屬牛母屬虎先天註定

五 二九三十 徜徉山水愛清幽 尊礼法王悟梵修

六 四九五十 吉氣臨門氣(壽)添丁

七 九十七八 門前花樹逢春發 綠滿枝頭色更鮮

八 數定先天少雁行 到頭兄弟不成双

九 幼年即有梵修志 垂老終須入禪林

一百七十 五十八 名登金榜姓字益香

一百八十

一　幼年曾出家未幾仍還俗

二　妻小十六年天定是良緣

三　父命乙卯生

四　父属牛母属兎先天數定

五　不正妻綱憑夫邪權操夫柄致獅吼

六　五十二　謀為順遂吉兆添丁

七　父叨　天子寵子沐　聖朝恩

八　律管換年華深閨玩好花

九　癸運　數行癸運事事宜効君前行莫猶疑

十　數定蓬萊瀛島客官居金馬玉堂人

癸運

一 數行癸字未為奇凡事三思要合宜
二 妻小十七卜云其吉
三 父命辛卯生
四 父属牛母属龍先天註定
五 二十五 六 春色芳菲足稱心懷
六 五十三 四 祥光焰耀添丁佳兆
七 二十七 謀為多滯事難遂意
八 母先亡父鼠命
九 九十七 老景無憂安閑岁月
一百九十 二十七 八 半明半暗晴陰先定

九千二百

一　幼入空门莫逃乎数

二　君配小十八音缘先天達

三　父命癸卯生

四　父属牛母属蛇方合元度

五　偏才　偏才之運数盤桓孤舟遇浪不自安

六　五十五 六　祥光洋溢添丁之喜

七　子運　属毛親情惱内懐叢集事務命中来

八　九十七 八　桑榆催暮景風烛頓生悲

九　癸運　寧守株以待兔勿缘木而求魚

百　八十七 八　淹滞岁月混沌乾坤

二百一十

一　塤篪伯仲奏双〻一曲無音一曲清

二　美人小十九風締是佳偶

三　父命甲寅生

四　父屬牛母屬馬先天註定

五　四九五十　道路崎嶇難徑行行過前村可駐停

六　五十七八　喜氣臨门進業添丁

七　運行偏才〻忽多恰如大海起風波

八　早運淹沉志未伸半明半暗度光陰

九　二十七　鶯因雨久翻猶滯月為雲多華不明

十　子　待得鴛鴦一展羽碧桃花下出靈芝

一 早歲妻妻離子散中年還當出家
二 妻小二十年姻緣註先天
三 父命丙辰年
四 父屬牛母屬羊兄弟五人方合此卦
五 三十四 三 尋花兼問柳紅紫報春來
六 五九六十 喜氣臨門添丁進業
七 四十 素水觀魚躍秋風听鹿鳴
八 湘江雁陣双〻舞兩隻騰空上九霄
九 二十の 三 萬里春風布暖一天秋月揚輝
二百二十 八九九十 月擒雲裡花浸雨中

一		嚴慈
二		佳人小君二十一記取洞房當憐恤
三		父命戊辰生
四		父屬牛母屬猴方合離卦
五		晚運不大利須防破耗憂
六	二十二	早運亨通財源茂盛
七	六月	忍氣免悔吝妄動多有憂虞
八	子	如龍變化知己早羽翮飛騰上九天
九	二十七八	渭水空垂釣遭逢不遇時
二百三十	四十五六	孝服臨身倫內有變

二百四十

一		中年出家事由前定
二		佳配小君廿二年 奇緣早已註先天
三		父命庚辰生
四		父屬牛母屬雞 方合坤卦
五		問利二旬外 財源滾滾來
六	二十三 二十四	日進財源 少年發福
七	子	多年謹慎当年夢 莫上江邊第一樓
八	二十一	崎嶇峻嶺人重問 緩緩徐行莫畏難
九	九十一 九十二	五福壽為先 康寧享大年
十	交運	文星照命人豹變 詩書蘊藉自超羣

二百五十

一 雁行知有五一貴奮天衢

二 関雎求淑女定小廿三年

三 父命壬辰生先天數始真

四 父屬牛母屬犬數已先定

五 一對鴛鴦正徜徉分飛中路斷人腸

六 二十五六 大運與時合財源定暢懷

七 三十一 雨妬桃花春蕩漾雲迷秋月色朦朧

八 一百〇一二 百齡加二春駕鶴上玉京

九 十九 乍雨乍晴如初夏半落半開似晚花

十 九十三〇 枯楊生稊同其茂盛

二百六

一	五十七	文福俱齊日秋風聽鹿鳴
二		関雎誦罷咏河洲小廿四者是好逑
三		父命乙巳生家君須記清
四		父屬牛母屬猪先天早定
五		富貴如君閭閻少日新月、盛樂無窮
六	二十七八	青年發福真堪羡好運来時、適
七	五十一二	名花滿庭時、樂意
八	九十五六	衣帛食肉樂享高年
九	二十一二	半簾芳草碧滿院名花新
十		老蒙之象人生模糊

一 子 浪恬風靜好舟穩宜向山林學陶翁

二 二十八七 水滿池塘綠影篇柳陰深處鳥音傳

三 父命丁巳生先天註得真

四 父母同属属先天早定就

五 九十〇三 老成一旦乘雲去幸有嘉謨典則存

六 元三千 所為得意吐氣揚眉

七 二十四三 方登鶚薦又兆麟祥

八 十九 七夕有雲天淡淡中秋無月夜濛濛

九 武問壽元何日止行到花甲馬不前

二百七十 膝下兒孫多富貴如君福祿世間稀

二百八十

一	三十の三	春風吹雨遶殘枝落盡深紅墮滿地
二	四十の三	殘冬莫怨無顏色春日來時艸自芳
三		父命已亡先天註得清
四		父屬虎母屬鼠數中間然
五		財源滾滾經營積利祿滔滔貿易來
六	三十二	財源大發日進無疆
七	二十五六	麟兆登科身自榮得子年
八	子運	月移竹影於墻外風送荷香碧沼中
九	五十の三	不知骨肉哀多少但覺新愁上眉端
十	二十五六	無語對斜暉淒涼只自知

一 甲午之年武科及第

二 三十七八 黄葉無風自落秋雲不雨長陰

三 父命辛巳生

四 父屬虎母屬牛先天註定

五 七九八千 数該壬子

六 三十三の 運至所謀皆順意時來外處俱稱心

七 五千三の 流螢之光若隱若見

八 鴻雁雲端分次第怡情澤畔共相依

九 脊鴒原上鳴和好同氣連枝隊隊飛

二百九十 九千七八 黄金未必貴安樂值錢多

一 丙午之年武科及第

二 二十一 青年莫問榮枯事 前路遭逢未可期

三 父命癸巳生

四 父屬鼠母屬兔先天數定

五 夫婦同年姻緣前定

六 三十五六 福祉天降利祿從心

七 二十七八 錦繡重調列綺羅 香花樓暖鳥聲和

八 七十七八 數該生子

九 子運 休羨霜雪臨霜久終有驗

六千三百 玉几當揭日金甌少相年

一 戊午之年武科及第

二 十二 災晦相刑流年不寧

三 命交甲午先天評定

四 父若屬虎母定屬龍

五 夫大一年福由先天

六 三十七八 財帛豐隆家門吉慶

七 四十一 皇都得意宗內馳名

八 不幸雙親俱離別自立自成自支持

九 十一 梨花帶日當春自解寒東風色態鮮

三百一十 九十二 受兒孫安閒之福享萬年之康寧之樂

一	二	三	四	五	六	七	八	九	三百六十
					三九四千	四九四千	四十五六	二十五六	二十七八
庚午三年武科及第	名花六朵一朵先凋	父命丙午數中洞然	父喜屬虎母喜屬蛇	良人長二年作合自先天	人不逢亥金亥金歸逢人	家室迪吉衣食饒足	猶如秋夜雨一點一聲愁	十一日暴之十日寒之	六親之緣了不須心

一 壬午之年武科及第

二 此西生来占秀靈群猴摘果明精神

三 父命戊午生數中莫自傳

四 父屬虎母屬馬先天註定

五 夫主大三年姻緣信有緣

六 四十二 財源廣進子孫稱心

七 二九三十 溫飽不必求自在度春秋

八 孩童劫煞甚堪嗟風裏殘灯雨裏花

九 五十二 坐臨活水襟懷適卧對青山樂處真

三百三十一 柳々荊花同氣味皆宜秋果奏頻覓

一 五十七八 困來宜少息 枯木耐嚴寒
二 二十四六 遠岫出雲催薄霧 細雨飄風送輕帆
三 父命庚午數中同戌
四 定父屬虎母定屬羊
五 良人大四年 姻緣註定天
六 四十三四 運來日必勝 心力十謀定有九事成
七 五十三 聲名冠寰宇 詞賦擬皇都
八 雨打梨花風吹嫩蕊
九 創業財盈萬數定婚必奇
三百四十 亥運 南柯一枕悠然夢鶴旧三郎宇宙間

一 此數今子平双猴摘果一點傳

二 白佛当頭可喜的男子笑嘻多

三 父命屬午先天註就

四 父屬虎母屬猴數中同然

五 良人長五歲作合總由天

六 四十五六 運享富貴達左右良逢迎際

七 五十三四 人前得周全春風在眼前

八 脊鴒原上同雙飛一隻哀鳴一被傷

九 母先逝父牛命

三百五千 二十三四 財帛有餘閑中安樂

一　慈母當先逝　嚴父定屬寅
二　五十二　正值歡娛日　西風去不還
三　父命乙未　數中同然
四　父屬馬　母屬雞　先天註定
五　問夫長奴幾歲　先天註定六年
六　四十八　家業興隆財茂盛　時來萬事稱人心
七　欲圖方閣事　風暖須知如青松挺雨寒
八　君今不必問功名　若問功名財發身
九　雖字須登魁貢榜　杏花十里馬蹄歸
三百六十　六十四　動靜須謹慎　則受福

一 嚴君已不祿慈母康寧生

二 九二十 身安喜樂兩角不謂

三 父命下來汝知之否

四 父屬虎母屬犬數中所然

五 君子長汝七歲原來天定良緣

六 男九四十 福從天降家業茂運逢時通事事宜

七 二十二〇 春日遲遲真艷麗好花被雨奈若何

八 十之 花開偏值雨可惜負春光

九 同群雁陣若共棲兩兩三三各自飛

三百七十 開到二旬外好花值早春

一 十一二 歡笑作時光春風拂海棠

二 五十五 身登高甲際會風雲

三 父命己未生先天早注就

四 父屬虎母屬猪數中同然

五 問妻夫婿長幾何大如八歲絲蘿

六 五十一二 積學源是宗門脈利

七 五十六 北窗高枕悠然自得

八 同氣雁陣宿蘆花棣萼同枝發異花

九 嚴父先辭母慈安享屬秋

三百四十 六九七年 陰雨連綿深閨愁悶

一 朝中佐輔海內多賢

二 五十三の 莫道春光好風雨亦相催

三 父命羊未先天註就

四 父母同屬兔先天註定

五 結髮吉生長女九歲

六 五十三の 日進財源時運亨通

七 四十七八 一樹梨花白玉開風飄陣陣到樓台

八 五十七 驚雀飛雲去飄然不復返

九 知音却在他鄉遇從此同心到祿與

三百九十 子運 若還知音吹一曲驚天動地振京亭

九千四百

一　六千八心　水漲波深梅柳橋濕雲拖雨過江樓

二　二千三　黃金埋塵沙未得入陶冶

三　父命癸未卦爻最真

四　父屬兔母屬鼠數中洞然

五　良人比汝大十年今日方知註先天

六　五千七六　妻意亦財々自然暮年福祿自天來

七　桂子叢生花正結滿園紅杏一枝嬌

八　命短如花難過三歲

九　兌九七千　青鳥不傳雲外信丁香空結雨中愁

一　三十一二　乍晴乍雨春無定雲去雲來白減輝

二　子運　萬金美玉桑榆景自有貴人照品類

三　父命甲申生星極用心尋

四　父屬兔母屬牛為悍艮宮起大行

五　君子長如千一年原來數已註先天

六　兩千七八　老來當福進業添丁

七　四九兩千　雪遇瓊瑤虎刑之災

八　十三　流年不寧灾臨相侵

九　二十三四　團圓春光在閨門喜氣多

四百八十　二十一二　喜氣臨門子子悍發

一　鴛鴦同暮景雖多亡先飛

二　子運　鵬翱翰雲柳上紫袍金帶上青台

三　父年丙申先天方真

四　父衛先母衛甫方合寅宮逆推

五　祇我應生逢其吉長女千二數無疑

六　丑五年　暮景貴財喜自天來

七　勤儉持家安閒內助

八　丑九年　今年多閑心常多憂不援異術長

九　童年命短似蜉蝣年歲難登一千二週

四百二十　二十丑六　非逐時光少年獲福

一　玉樓有台積德可免

二　二十八　人亦平安家亦旺春風不與舊時同

三　父命戊申救已註明

四　父屬兔母屬龍數由外宮順推大衍

五　奴家夫婿大十二月老傳言道有緣

六　墳麓同日承寵處高步雲衢姓字香

七　十三四　六陰之象若暗若明

八　二十六　財源天降日日開懷

九　十三　細雨妬花花不發淡雲迷月月難明

四百三十　一百〇二　期頤有餘齡齡邀朝一壽星

四百四十

一 子運 掀天揭地戡功日撥開雲霧見青天

二 正月廿九 月正圓時光華爽

三 父命庚申數由前定

四 父屬兔母屬蛇方合刻分

五 良人長奴十四年今日方知是夙緣

六 同飛雁陣一奮雲霄

七 子運 家進財宝添喜色此運行來定起犀

八 五十二 秋雨滴空婚嫁〻遂愁來

九 六十二 玉樓雲鎖三春暖桂子秋香一月清

十

四百五十

一	二十九	门庭多吉慶財福自天来
二	四十五六	一点福星当户宇满庭春色溢闺门
三		父命壬申先天註定
四		父属兔母属馬方合此刻
五		良人長奴十五年红丝繫定暗中牽
六		同飛雁陣一舉雲霄
七		乙酉之年武科及第
八	六十〇三	流螢之光若隱若見
九	一百〇四三	百齡已過真康乐鳩杖應当錫大年
十	三十三	風送滕王閣時来百事高

四百六十

一 四九五十 雲迷皓月雨打梨花

二 子運 且將救出樵夫手 休墮漁翁羅網中

三 父命乙酉君道是否

四 此刻父屬兔母屬羊方合

五 借問兒夫長幾歲 大奴十六救先知

六 同飛雁陣三奮雲衢

七 丁酉之年 武科及第

八 封侯萬户 榮膺九重

九 六十二 搶攘未寧 焦心勞神

十 三十五六 家業興隆 運至時通

一	三十九	琅玕竹報平安日
二		紅日當陽倍有精神
三		父命丁酉數中間然
四		父屬兔母屬猴方合
五		君子長妻十七歲奴家年幼君當憐
六		雁陣同飛數有四貴
七		巳酉之年文星照武場同報姓名香
八	六十五	究悔相侵切宜謹慎
九	二十四	心中多少煩惱事冷落淒涼只自知
四百七十	三十三	桃紅柳綠足暢心懷

一	四十一	春至花爭茂秋來月倍明
二	二十八七	人往運轉福自天來
三		父命巳酉先天同然
四		父屬兔母屬雞方合此命
五		夫大十八姻緣前定
六		雁陣翩翩教有五貴
七		辛酉之年武科及第
八	子運	一日暴之十日寒之
九	二十四	先值迷途後當順景
四百八十	六十五	德修難避方無蹇滯之憂

四百九十

一	三九四十	田園廣闊身先樂家業重重子又昌
二		鴛鴦雖同老雌若定先飛
三		父命辛酉先天註定
四		父屬兔母屬犬方合
五		夫大十九先天註就
六		雁陣同飛中有六貴
七		癸酉之年武舉及第
八	四十二	滿眼春光艷一天秋月來
九	二十九	澤上有水困厄之象
十	一百〇三	百歲有餘春歡登上玉京

一	子運	果能奮志雞窗下詩書不負苦心人
二	二十七	若非吉神護鴛鴦保不合
三		父命癸酉數中間無
四		父屬兔母屬豬先天註定
五		夫大二十年結褵是前緣
六		早年不遇來衣引滿腹前才中運伸
七		河東三鳳敘名重良玉如君堪鶺鴒
八	三十四三	運行陽地財源盛如水滔滔發不窮
九	三十八七	壯年事業甚道大行
九千五百	子運	東風盡是周郎計赤壁何須問孔明

一	四九五千	雪花飛片〻点〻上人衣
二		騎馬坐命數主飄蓬
三		父命甲戌先天測出
四		父母同屬龍起數推艮宮
五		君子長奴廿一年原來數已註先天
六		騰空數雁在江濱二隻橫斜一獨明
七	五十一二	喪門相犯當主孝服
八	正月四十六	和風麗日財喜交集
九	一百〇七八	壽域宏開老當益壯
五百一十	五六歲	日暖羣花放春融百艸深

一 全憑陰德培元氣自有寒梅結老枝

二 乙丑武闈名登黃甲

三 父命丙戌數中最恙

四 父命辰生母命子生

五 良人大奴二十二齊緣由來是鳳儔

六 雁行成群離北塞三隻高飛一隻鳴

七 午運 青灯獨守貞如雪繡帳孤眠節似霜

八 童年命短難過五春

九 親諧 皇家伉儷恩荷 帝室榮華

五百二十 四十六 日暖東園花綻錦雨飄柳岸柳搖金

一 田園廣置穀名播家業崢嶸子文昌

二 丁丑武闈名登黃甲

三 父命戊戌大衍不差

四 父屬龍母屬牛方合

五 君子長奴廿三無知年幼異君憐

六 双〻雁陣渡江去一落蘆花一上林

七 四十四 春闈不飲瓊林宴鳳凰池上沐皇恩

八 六十 柳茂何愁堤岸峭桃開正是日融和

九 五十二 雨後江山增秀麗風前亮李正煩華

五百三十 閨門寂寞無人伴獨守青幃節似霜

五百四十

一　子運　每事休擾成又破田園花木喜重開
二　己丑武闈名登黃甲
三　父命庚戌生大衍已算清
四　父命龍母屬鼠•方合此刻
五　夫婿長奴二十四莫道奇緣非鳳締
六　長江數雁各分飛一隻高翔二霜樓
七　數有偏枯子帶廢疾
八　六十　桃紅柳綠三春景日暖風和二月天
九　三十五六　鄉科已飲鹿鳴宴又見熊羆入夢來
十　八十七　駕鶴乘雲去飄然竟不還

一 二 三 四 五 六 七 八 九 五百五十

六十二

五十四

以庠而升貢如錦更添花

辛丑之年名登黄甲

父命壬戌數中洞然

父屬龍母屬兔方合

夫大廿五年作合賴先天

双双雁陣兩分飛一隻高翔入帝畿

良人財祿皆前定身享榮華助內多

閨门多福祉內助得安康

喜氣盈门財源茂盛

楊花滾雪白遍瓊瑤

一 四九五千 晴天雷吼無風生浪

二 癸丑之年名登黃甲

三 父命乙亥先天洞然

四 父屬龍母屬蛇方合

五 借問良人長幾何二十六歲數石訛

六 早年埋沒名難就中運方成數預知

七 四十五 龍虎榜中標名字皇都得意馬蹄香

八 相夫高大門庭享福安然內助

九 二十八七 得意之時防失意喜忘之處要留心

五百六十

五百七十

一	子運	三日天晴三日雨 無怪今宵月不明
二		更喜賢郎能發達 青雲有路振家聲
三		父命丁亥生
四		父屬龍母屬馬方合
五		夫大二十七歲 緣由夙締
六	十一二	少年遊國學 更喜遇奇緣
七	六十六	天降財源順 人謀家道昌
八	六十一	春光多富貴 草木盡芬芳
九	七十六	柳絮隨風舞 桃花逐水流
十	三十二	旹消旹漲行潦水 時揍時開楚岫雲

五百八

一　晚年桂子馨香茂能奮天衢祖德光

二　自身得食　皇家祿令嗣還沾　聖主恩

三　父命巳亥生

四　父屬龍母屬羊方合

五　夫婿長奴二十八先天註就定無差

六　十三四　少年遊國學書生造化奇

七　不用謀為家計足夢魂無擾樂悠悠

八　最喜晚年丹桂茂奪芹採藻姓名香

九　君行壬字運頭角崢嶸時

十　六十五六　知君老去精神壯家業興隆子又昌

五百九十

一	十一二	嫩竹出林如君茂盛
二	子運	三牆三光若着意運好須防有叔衛
三		父命辛亥先天註就
四		父屬龍母屬猴方合
五		夫如〔主〕長奴二十九先天註定是佳偶
六	十五六	二八列諸生太學馳譽英
七	三十八七	鄉科及第又產麟兒
八		雁行雖成陣昆玉不同堂
九	二九三十	日暖花爭艷秋中月倍明
十	十三四	春光明媚桃紅柳綠

一 十一二 無災無難流年之慶

二 子運 孳生養育成群娃助夫榮子振家聲

三 父命癸亥數中洞然

四 父屬龍母屬雞方合

五 夫主長奴三十年姻緣奇怪註先天

六 十七八 斐聲國學裘馬翩翩

七 有福有財晚景盛無憂無慮暮年康

八 十三四 災悔不生平安之福

九 午運 咕嗶呻吟方得志不如守舊隱山林

九千六百 癸運 癸運交逢日蛟龍得水時

一	二十三	少年得意發福生財
二	五十の三	福自天來閨中安享
三		甲辰武闈進士及第
四		父屬龍母屬犬方合
五		母命甲子數定不差
六	十九午	名門諸生身入國學
七	三十の三	緩懲徐行自有程月沉滄海日東升
八		喜行旺地財祿豐生
九	六十八	陽回萬象幽谷生春
六百一十	十四	陽回萬象去無蹤雨近青山色更新

一　三十三の　上苑奇花逞秀麗庭前翠竹正青丨

二　午運　凜、春寒花難放濛、細雨蝴蝶飛

三　丙辰武闈名登黃甲

四　父屬龍母屬豬方合

五　母命丙子數中洞然

六　二十二　少年遊國學名登列諸生

七　夜半不知天正雨明朝看見水平江

八　十四　園中花紅户外竹綠

九　微灯不怕風來急吩咐家人早閉门

六百二十　丁運相交步上青霄

一 双親不幸早歸西鴻雁行中各自飛

二 十五 奇花方艷冶秋月正揚輝

三 戊辰武闈名登黃甲

四 父母同屬蛇合得此刻

五 母命戊子先天註定

六 二十の三 圜橋觀俊名振辟雍

七 救定最奇發創千金

八 鴻雁群中嫵少伴孤飛獨自在三江

九 四十五 風和日暖桃花放水淨泥融燕子飛

六百三十 六十九 歲寒松柏愈見其茂

一　十六　早年安榮造化奇一天星斗正光輝

二　花開工苑香彌秀筍長淇園節更青

三　庚辰午闈名登黃甲

四　父〻屬蛇母〻屬鼠方合

五　母命庚子大衍排就

六　二十六五　名登國學

七　四十六　名登金榜

八　午　重〻財喜從天降積德流芳福有餘

九　貴極侯伯身任榮階

六百四十　十五　夜月移花影清光送好音

一 十八 三月桃紅柳綠遊人玩賞無窮
二 午運 坦道揚鞭馳駿馬順風任意掛高帆
三 壬辰之年名登黃甲
四 父屬蛇母屬牛方合
五 母命壬子數定不差
六 二十八七 身入太學名登辟雍
七 午運 時至百花香滿室秋來黃菊綻金多
八 十八七 連理枝頭花正開怕花風雨便相催
九 十六 眉端開展解煩忏心境安舒樂有餘
六百五十 七九八十 落花誰是主空結雨中愁

一 十九 不勞於事自合其宜

二 五十四三 園裡流鶯喚落花蘭房寂寞度年華

三 乙未武闈名登黃甲

四 父屬蛇母屬虎方合

五 母命乙丑先天洞然

六 六九二十 名登國學

七 一子送終大數有定

八 十七八 曰安曰康幽人貞吉

九 十五六 風搖灯花暗又明搖搖無定影縱橫

六百六十 權柄分金座掛印耀銀河

一 十九 瓊葩方吐玉柳眼正搖金

二 昆玉宮如雪見陽數中縱有不同根

三 丁未武闈名登黃甲

四 父屬蛇母屬兔方合

五 母命丁丑數中洞然

六 三十二 顴後獲選國學蜚聲

七 積德增吉慶丹桂吐芬芳

八 七十の三 暮年突生精神頓減

九 午運 春日遲遲百卉妍平途駿馬不須鞭

六百七十 七九八十 莫誇時運好須防悔氣侵

一　十九年　好事君須記桃紅柳綠時
二　午運　再轉幾時登大運黃金束帶姓字香
三　乙未之年名登黃甲
四　父屬蛇母屬龍方合
五　母命巳丑救中間然
六　三十四　名登太學
七　丁運　日落沙明天氣開波搖石動水潺洄
八　三十三　朝庭有道門庭旺福祿無窮造化奇
九　二十一　洛陽花發春光艷玉井蓮開夏景濃
六百八十　戊運　是運帶祿謹防破耗

六百九

一	元九三十	天賜休祥閨中貞瑞
二	三九四十	運来不用劳心力人旺財興事業增
三		辛未武場名登黃甲
四		父屬蛇母屬馬方合
五		母命辛丑數中间定
六	三十六五	俊秀書升名登太學
七		丹桂花開枝〻秀継躍龍门吐異香
八	十五六	閨中衆發事〻呈祥
九	二十六五	日暖春色麗花香風送来
十	二十三	门庭多吉慶人事倍光華

九千七百

一 六九之年 南極光照福履倍增

二 執事可以稱仁交友可以稱信

三 癸未之年進士及第

四 父屬蛇母屬羊方合

五 母命癸丑數已先知

六 三十八七 身沐國學

七 正喜堂前飲壽酒大親堂上看登程

八 此刻應招吏胥之夫方合

九 四十八七 旺子無益夫精神起宏圖

此刻應招驅役之夫方合

七百一

序	數	文
一		夫妻同暮景蘭桂喜芳菲
二		風送雁歸端有序秋來一二各東西
三		甲戌之年名登黃甲
四		父屬蛇母屬猴方合
五		母命甲寅生
六	三九四十	身遊國學吐氣揚眉
七		秋風生桂子風隨滿天香
八	四十八	名登黃甲春風得意
九	五十六五	門庭吉祥喜溢閨闈
十	四九五十	運際禎祥閨門吉慶

一　六十五 六五　眉端歸揚坤人吉昌

二　十七八　利牝馬之貞享安然之福

三　丙戌武闈名登黃甲

四　父屬蛇母屬雞方合

五　母命丙寅生先天已註定

六　四十二一　黌教國學梓里馳名

七　水流東海滔滔去把酒三杯不回頭

八　五十四三　福從天降夫財旺瑞叶人謀子文昌

九　六十八七　出閣無事日門內納禎祥

七百二十一　此刻應招技藝之夫方合張度

七百三十

一 六十七八 安悔不毒平安之福

二 六十五六 深院鎖黄昏淒淒芭蕉雨

三 戊戌之年名登黄甲

四 父屬蛇母屬犬方合

五 母命戊寅數中最真

六 四十三四 巍俊名香廁身太學

七 鴛鴦日暖正成双驟雨驚來不久長

八 九二十 雨潤園林茂月侵簾幙清

九 六九七十 陽春鶯燕閨门清泰

十 一点福星照家中喜自来

一　三十五六　梅花却放杏花紅暖々氣融々樂意濃

二　二十三〇　綠竹園中出色玉池蓮蕊生香

三　庚戌武場名登甲第

四　父屬蛇母屬猪方合

五　母命庚寅殺中間並

六　四十五六　文昌照命身列國學

七　寂寞粧台曉氣寒朦朧月色度欄干

八　五十七八　細雨却笑燕風來爽々氣生

九　五九六十　好將事業傳兒輩得遂安閒樂暮年

七百四
十　六十一　炊臼夢回嗟寂寞中饋不見采蘋人

一 三十四三 花發洛陽春光艷麗

二 良人難同老先去幾春秋

三 命中武曲見壬戌入瓊林

四 父母同屬馬方合

五 母命壬寅註定不差

六 四十八七 國學望飛群雍名重

七 三十四三 勤苦難獲益運蹇不逢時

八 十七八 若不逢災定當見喜

九 二十二一 畫水無聲滄然有浪

七百五十 二十八七 清風拂丶雨沉丶桃紅柳綠轉精神

七百六十

一　昆玉
二　五九六十　葉上敲殘雨深閨寂寞愁
三　五十二　春風得意花滿　皇都
四　父屬馬母屬鼠方合
五　母命乙卯生
六　四九五十　文明鵲起國學榮身
七　三十八七　往來得意處處春風
八　白玉樓前伴伴有六親諸眷盡凋零
九　六十二　池上陽春歸何處滿目殘花紛徧飛
十　十九二十　一胎二喜樂何如也

一 周南誦至關雎篇淑女長君恰一年

二 椿萱同甲子先天已註定

三 欲赴蓮池會無奈色心多

四 父屬馬母屬牛方合

五 母命丁卯救中間出

六 五十二 圖橋梅髮士國學表諸生

七 嚴君西遊定逢鼠年

八 救戴儀道中不得入禪林

九 十五六 堂上悲風木房中叔弄璋

七百七十 二十二 一胎生二子麦穗兆兩岐

一		淑女窈窕長二年原來數定注先天
二		椿庭萱堂注定丙子
三	比肩運	好似折柳枝々綠猶如亮花朵々紅
四		父屬馬母屬虎方合
五		母命乙卯數中間出
六	五十の三	身列國學
七		屬牛之年椿樹先折
八	五十四	宴飲瓊林捧玉杯　皇都得意錦衣歸
九	十七	蓼莪致慨玉蕋披懷
七百八十	二十三	如嘉木之合穎以一胎而双生

一 淋配長三年註定在先天

二 父母同戊子先天已預知

三 一對鴛鴦正可親中途分散再重鳴

四 父屬馬母屬兔方合

五 母命辛卯大衍可考

六 五十六五 籲後馳名身登國學

七 虎年披蔴松椿樹有刑傷

八 六親對面不相識半是成空半是孫

九 十八 方痛親亡又產麟兒

七百九十 二十四 一胎二喜陰德相招

一		好逑長四歲註定不差移
二		嚴君慈母全是庚子
三	比肩運	福至閨门吉持家内助賢
四		父屬馬母屬龍方合
五		母命癸丑子平已叅
六	五十八七	不堪元鬓影復作辟雍生
七		嚴君奉詔修文去数定先天是兎年
八	比肩運	流年順遂無灾無怨
九	十九	方悲蓼莪又報弄璋
九千八百	二十五	一雁獲双胎星平註就來

一 佳人長五年夙締是良緣

二 父母同亡子先天已預知

三 鷗鳥滿塘風雨惡驚飛分散不同林

四 父屬馬母屬蛇方合

五 母命甲辰生大衍順推行

六 五九六十 垂白登圜橋國學姓字標

七 屬龍之年嚴君永逝

八 未曾滿十年一命又黃泉

九 二十 風木亡遺恨熊羆入夢來

八百一十 二十六 一胎產双珠喜樂也何如

一 妻大六年洵非偶然

二 双親同乙丑皇極數先知

三 只因鞋共脚又小剗身踏着板橋霜

四 父属馬母属羊方合

五 母命丙辰數中同然

六 二十年前事未周如何一夢竟仙遊

七 歲在蛇年椿樹風折

八 元配刑尅再娶鼠命

九 二十一 寢苦枕塊日 玉燕入懷來

八百二十 二十八七 君有忠厚德一喜産双胎

一　夫人長七年紅絲暗裡牽
二　父母同丁丑先天早註定
三　叔才運　昨夜東風何處起吹落黃花滿地金
四　父屬馬母屬猴方合
五　母命戊辰太行無恙
六　卅年事未周不意竟山遊
七　嚴君西逝定在酉年
八　再娶牛命方能偕老
九　二十二　方深罔極之恩旋報添丁之喜
八百三十　二十八　一產双胎人生樂事

八百四十

一　借問夫人長幾何大君八歲結絲蘿

二　椿庭萱堂同生己丑

三　劫才運　乍晴乍雨雲裡月暗暗濛濛影不明

四　父屬馬母屬雞方合

五　母命庚辰數中同然

六　不惑年前事未全如何一去竟不還

七　老椿風折定在羊年

八　再娶禹年方能偕老

九　二十三　風木有餘恨熊羆入夢來

十　二十九　祖宗多積德一產獲双珠

一　畫眉粧台問卿卿大余九年是否真

二　居考功稽勲之司入驗考文選之班

三　早年財利多成敗培種秋花轉寂寞

四　父屬馬母屬犬方合

五　母命壬辰生先天註得真

六　知命年間事未周奈何跨鶴竟西遊

七　慈父修文去候年是其時

八　妻宮有刑再娶克年

九　二十四　堂上有連連之病房中聞呱呱之敵

八百五十　三十　年未多積善一乳產凡胎

一　佳人長十年月老編良緣

二　徵絛編而帶穗苧課分祿俸而兼採銅觔

三　生平快活踈銀多迷戀野花行不全

四　父屬馬母屬猪方合

五　母命乙巳數中洞然

六　耳順年前志未、成誰知一夢入幽冥

七　椿樹風吹折犬年有刑傷

八　欲佳人之偕老須要娶夫龍命

九　二十五　堂前方掛孝门外復懸弧

八百六十　三十一　剖開璞玉收双璧喜事重、是耶非

八百七十

一		佳人長君十一年蔦蘿附麗賴先天
二		儀制祠祭有典賓客館膳是司
三		上無兄兮下無弟天之生是使獨也
四		父母全屬羊方合
五		母命丁巳生先天已註天
六		
七		壽元何日止二旬歸命西
八		玉人有刑再娶蛇年
九	二十六	雖有弄璋之喜莫解罔極之悲
十	三十二	記得四八年間事一產双胎信有之

八百八十

一　佳偶長君十二歲姻緣註定永于飛

二　分武選車駕之秩列職方武庫之司

三　伯氏吹壎仲吹篪先天註定數不移

四　父屬羊母屬鼠方合

五　母命己巳數中間無

六　壽元何日止三旬竟歸西

七　屬雞之年嚴君西逝

八　再娶馬命方能偕老

九　既悲蓼莪又夢熊羆

二十七

十　一產獲双珠他人羨何如

三十三

一 畫眉不忍喚卿卿為緣長余十三齡

二 辟以止辟刑期無刑

三 昆玉三人先天註定

四 父屬羊母屬牛方合

五 母命辛巳數中洞然

六 方當不惑年有詔上西天

七 椿樹風折定主豬年

八 玉人有刑再娶羊命

九 二十八 正悲親亡又產佳兒

八百九十 三十四 如嘉禾之合穎竟一產而双胎

九千九百

一		佳人長十四先天早註來
二		營膳虞衡是其職都水屯田是其司
三		兄第四人数中洞然
四		父属羊母属虎方合
五		母命癸巳大数已悉
六		寿元何日止知命了歸天
七		位列公孫之班身受宮保之秩
八		不幸剋妻喪再娶猴命宜
九	二十九	熊羆叶吉風木增悲
百	三十五	豈為年來精力壯何緣一乳產双珠

九百一

一　好逑長君幾何年一十五歲註先天

二　簡在帝心左都御史

三　兄弟継益山之數先天間然

四　父屬羊母屬兔方合

五　母命甲午數定不差

六　若問壽元何日止耳順之年命歸西

七　母赴瑤池不外兇歲

八　玉人有刑再娶難命

九　三十　豈愧餘生弄璋有慶

十　三十六　添丁不与他人同一產双胎陰騭功

一 妻大十六红鸞繫定

二 平章軍國位列尚書

三 兄弟六人数中閒盤

四 父屬羊母屬龍方合

五 母命丙年註定不差

六 壽元何日止古稀詞人寰

七 慈母仙遊日定主在牛年

八 娶再大命婦方可到白頭

九 三十一 鴛鴦雖叶吉風木恨長消

九百二十 三十七 一產是双胎皆係積善來

九百三十

一		妻大十七良缘凤偶
二		山斗望重閣學尊崇
三		昆玉七人先天注定
四		父屬羊母屬蛇方合
五		母命戊午數中间出
六		桑榆晚景寿考八旬
七		萱花殞矣定年屬年
八		再娶猪命与子偕老
九	三十二	庭门掛白门左設弧
十	三十八	一箭中双鵰一乳双譽髦

九百四

一 佳偶長君十八年晉緣配合由先天
二 身居部院位列侍郎
三 兄弟八人命由前定
四 父屬羊母屬馬方合
五 母命庚午數中洞然
六 寿元至九旬人間一寿星
七 萱草凋零定主兇歲
八 早運知難遂中年發達遲
九 三十三 稱孤衰而夢熊羆是為憂喜交集
十 三十九 添丁迴與他年異一產双胎許數奇

一 數定佳偶長君十九

二 出納王命通政大臣

三 兄弟九人先天註定

四 父屬羊母屬猴方合

五 母命壬午數中洞然

六 世上難逢百歲人君今百歲是歸程

七 慈母西遊註定龍年

八 若問財運遂意三旬之外可通

九 三十四 訃音悲泣血朱帯振弄璋

九百五十 四十 強仕之年精力盛一胎叱喜應先天

九百六十	九	八	七	六	五	四	三	二	一
四十一	三十五	刼才							
雞添双喜却是一胎	萬里悲無極各歸斯慶有餘	昨夜南山風搽地今朝北海浪滔天	母赴瑶池註定蛇歲	百歲寿終今古罕君今过百始西遊	母命乙未數中間出	父属羊母属雞方合	兄弟十人先天註定	為親王之属吏作宗人之府丞	君小内子恰二旬老伴助缘振家聲

一 柳緣桃紅人口俱吉

二 官拜大理位列上卿

三 兄弟十一先天註定

四 父屬羊母之屬犬方合

五 母命丁未數中間盤

六 佳偶

七 萱花殞矣屬馬之年

八 叔才 五載音泰室家和平

九 三十六 蓼莪心傷麟趾呈祥

七百七十 四十二 螽斯衍慶一産双珠

一　食神　清々白々粧台鏡不暑不寒雨後花

二　位列宮詹時近天顏

三　兄弟宮中十二人家门昆玉儼成林

四　父屬羊母屬豬亥合艮宮分剋

五　慈母己未生先天注分明

六　傷官　独木橋梁横着脚绣鞋穩步漫々行

七　羊年喪门照慈母赴瑤池

八　傷官　正好繡花針失線月移花影上欄干

九　三十七　痛心白華無人補側目朱帯有子啼

九百八十　四十三　双胎不是稀奇可得者総由積福来

九百九十

一		安身正好閒處立誰知法裡有蛇生
二		慈母西逝定在犬年
三		愁去笑來人物亮昌
四		父母全屬猴方合柳度
五		母命辛未數中澗然
六		時雨正逢春色好仰觀萬物盡芳菲
七		當艸凋零定在猴年
八		中秋月夜人共賞百花惟有桂花香
九	三十八	生風木之悲叶熊羆之夢
十	四十四	強仕有餘年一胎双璧聯

一 辛運 辛運無碍破財免灾

二 屬猪之歲慈母西逝

三 壬運 若不破財必当見灾

四 父屬猴母屬鼠方合

五 母命癸未数中洞然

六 癸運 破財生殃運有驚惶

七 母赴瑶池注定雞年

八 丙運 六月逢霜運限不祥

九 三九四十 萬里遺恨麟趾呈祥

一萬数 四十五 螽斯蟄蟄一産双珠

一	一歲	一週未滿椿萱折俗語呼爲黄蛇兇
二		父母同壬辰先天註定
三		文運照子星採芹得意時
四		父屬猴母屬羊方合此卦
五		母命甲申生
六	二十二	先天坐得寒氈破何患此日少進程
七		妻命壬辰姻緣前定
八		甲運須当記刑傷兼破財
九	四十	堂上方興風木恨膝下又添承祀人
一萬一十	四十六	麟趾呈禎祥胎鮮產双珠

一 二歲 椿萱遭霜折二歲称孤哀

二 父母同乙巳先天註定

三 文星照丑運功名得意時

四 父屬猴母屬雨方合此卦

五 母命丙申生

六 二十三四 此年毛羽滿霄漢可翱翔

七 妻命乙巳姻緣前定

八 乙運君須慎損傷且耗財

九 四十一 親亡生子豈是新人續舊

一萬二十 四十七 玉燕双栖明珠重吐

一　三歲　孺子双親逝黄口哭

二　父母同丁巳先天註定

三　虎運文星照身遊泮水時

四　父屬猴母屬兔方合此卦

五　母命戊申生

六　二十五六　此年可進步奮翅看高飛

七　妻命丁巳姻緣前定

八　丙運最蹇破損憂傷

九　四十二　縱然桂子發怎禁損老親

一萬三十　四十八　六八年来熊羆叶兆喜双胎

一	四歲	童年双親折孤哀且伶丁
二		父母同巳巳先天注定
三		卯運文光照遊泮採芹時
四		父屬猴母屬龍方合此卦
五		母命庚申生
六	二十八七	美景當頭更上一層樓
七		妻命巳巳良緣夙締
八		丁運須防破損並災殃
九	四十三	膝下桂子方結堂上老親已逝
一萬四十	四十九	七七年中見盛事双夢熊羆叶兆來

一	五歲	五歲孩童子双親已別離
二		父母同辛巳先天註定
三		辰運文光照黌宮姓字標
四		父屬猴母屬蛇合得此卦
五		母命壬申生
六	元三千	此年進步展翅效鵬搏
七		妻命辛巳佳偶天成
八		戌運交來不見破損定有灾
九	四十四	只宜膝下不堪問高堂
一萬五十	五十	年逢大行喜事集玉燕双双投懷栖

一　六歲　双親俱見背孺子称孤哀
二　父母同癸巳先天註定
三　已運文星照泳遊泮水時
四　父屬猴母屬馬方合此卦
五　母命乙酉生
六　三十二　四八年间是進步浔展羽翼效鵬飛
七　妻命癸巳凤締姻缘
八　已運交来不生灾厄定破財
九　四十五　膝下生桂子堂上喪双親
一萬六十　五十　玉燕双投蚌珠重吐

一	七歲	七歲孩童子双親俱别離
二		父母同甲午先天註定
三		午運文星現黌门着藍衫
四		父屬猴母屬羊合得此卦
五		母命丁酉生
六	三十四三	此年有進步更上一層樓
七		妻定甲午註定姻緣
八		庚運須防必有災殃
九	四十六	子生親亡不幸之年
一萬七十	五十二	斯年熊羆兆一蚌吐双珠

一萬八

一　八歲　入小學之年祿孤衰之歲
二　父命同丙午先天注定
三　未運一交遊旬泮水
四　父屬猴母屬鷄方合此卦
五　母命己酉生
六　三十五 六　六六年間有進步高杆折得一枝來
七　妻命丙午夙世姻緣
八　辛運君須記災傷並耗財
九　四十七　只喜爾膝下那堪向高堂
十　五十三　年來見喜兆叶熊羆

一　九歲　九歲服重孝中堂哭二人
二　父母同戊午先天註定
三　文星照申運黌宮姓字標
四　父屬猴母屬犬合此刻數
五　母命辛酉生
六　三十八　此年運亨佳進程定無差
七　妻命戊午夙土姻緣
八　壬運不利破耗啾唧
九　四十八　六八之年親亡子生
一萬九十　五十四　一双玉燕投懷兩個熊羆叶飛

一 十歲 椿萱凋零命遭伶丁

二 父母同庚午先天註定

三 酉運文星照許君泮水遊

四 父屬猴母屬豬合得此卦

五 母命癸酉生

六 三九四十 強年獲進步拾得一高枝

七 妻命庚午

八 癸運謹防破耗災傷

九 四十九 七七年中喜更憂親亡生子度春秋

一萬一百 五十五 年來更喜玉燕雙棲

一 十一歲 椿萱摧折日陟岵瞻望虛

二 父母同壬午先天註定

三 戊運文星透露應是泮水生香

四 父母皆屬雞方合此數

五 母命甲戌生

六 四十二 此年有進步健翮入雲霄

七 妻命壬午良締夙緣

八 子運順身謹防耗侵

九 五十 年逢大衍子生親亡

一百壹十 五十六 斯年喜極双夢熊羆

一　十二歲　双親音容杳童子称孤哀

二　父母同乙未先天註定

三　亥運交閔許君遊泮

四　父屬鷄母屬鼠方合此刻

五　母命丙戌生

六　四十四三　美景当頭更上一層樓

七　妻命乙未佳偶天成

八　丑運交來灾厄破財

九　五十一　憂喜交集子生親逝

一百二十　五十七　麟趾双兆瑞一蚌両珠吐

一	十三歲	十三重臨孝稚子刑双親
二		父母同丁未先天註定
三		配得金木之夫死於火木之年方合
四		父屬鷄母屬牛方合此刻
五		母命戊戌生
六	四十六五	其年辰朔可奮雲霄
七		妻命丁未同世良緣
八		寅運須防災害破傷
九	五十二	膝下生子堂上喪親
一百三十	五十八	玉燕投懷一胎双喜

一　十四歲　堂上音容俱杳膝下屺岵同悲

二　此刻火土干補廩方合　父母同己未先天註定

三　甲子日元乾與坎初六爻中最為良

四　父屬雞母屬虎方合此卦

五　母命庚戌生

六　四十八七　六八年間是進步前程有路稱君心

七　妻命己未佳偶天成

八　卯運不強破損災殃

九　五十三　憂喜交集子生親離

一百四十　五十九　熊羆双叶吉一蚌兩吐珠

一　十五歲　甫入太學旋称孫哀

二　父母同辛未先天註定

三　丙子日元從艮起九三卦上一爻裝

四　父屬鷄母屬鼠方合此刻

五　母命壬戌生

六　四九年　年屆大衍可進一程

七　妻命辛未鳳世姻緣

八　辰運不足破耗糾纏

九　五十四　堂上老親逝膝下桂子生

一百五十　六十　玉燕投懷連一歲双珠老蚌慶期年

一	十六歲	双孝臨身二親俱逝
二		父母同癸未先天註定
三		戊子日元從坎起九三爻內日月光
四		父屬雞母屬龍方合此卦
五		母命乙亥生
六	五十二	此年多遂生滄海奮金鱗
七		妻命癸未佳偶天成
八		己運交未損傷破財
九	五十五	膝下桂子佳堂上老親亡
一百六十	六十	天上石麟兆兩瑞人間玉燕吐双珠

一　十七歲　少年双親逝風水有徐悲

二　父母同甲申先天數註定

三　此刻水火年捐賣方合　庚子日元從離起六爻宮中月日光

四　父屬雞母屬蛇合得此卦

五　五十三四　母命丁亥生

六　此年有進步展翼称君心

七　妻命甲申夙世良姻

八　午運難稱意災害少精神

九　五十六　七八之年憂喜集恰值育子親又亡

一百七十　六十二　玉藍重枝明珠双吐

一　十八歲　二九遭風水之恨此岾生昊天之悲

二　父母同丙申

三　三十年間有一閱陰功廣積渡江干

四　父屬雞母屬馬方合此刹

五　母命丁亥生

六　五十五 六　此年得進步舉足托雲程

七　妻命丙申良緣夙定

八　末運交來破損傷財

九　五十七 八　堂上親歿膝下子生

一百八十　庚子日元從震起四爻空中求爻裝

一 十九歲 年少正欲令子道盡獲義方兩隱丨

二 父母同戊申

三 無往不利

四 父屬雞母屬羊方合此卦

五 母命辛亥生

六 五十七八 好運逢晚景斯年許步雲

七 妻命戊申

八 申運交来破耗傷財

九 憂喜交加之歲子生親亡之年

一百九十 此刻金水干 宴鹿鳴方合 壬子日元四爻起六五爻中火局藏

一	二十歲	弱冠方期登道途椿萱又被霜摧
二		父母同庚申
三		乙丑日元六爻起金水相生五爻藏
四	此數金水年出德方合	父屬雞母屬猴方合此剋
五		母命癸亥生
六	五九六十	美運喜晚景斯年擢雲程
七		妻命庚申
八		酉運不堪誇崎嶇道途有差
九	五十九	堂上風木恨膝下寧馨生
一萬二百		正官之運事〻宜財喜双逢遂衆嬉

一 廿一 椿萱風催折三年淚双飄

二 父母同立申

三 丁丑日之擇天夫金土初生而文裝

四 父屬雞母屬犬方合乾卦

五 庚運正相當黑雲吹散天呂光

六 十二 師命執簋妾归主祿妹寐寐夜烏啼

七 妻命立申巳緣風定

八 戊運須當記道逢是荊棘

九 六十 花甲一週親亡子生度春秋

二百十 路收荒泥暖琴譜塵心傳

一　廿二　英年方納吾子職二老不待傷何如

二　父母同乙酉

三　此刻生於金木水之子方合　己丑日之火風丹金水相生三爻裝

四　父屬雞母屬猪方合此刻

五　硯邊蘭牙吐英雄蛩底鳴

六　十三　十四　師命丟矣挽之不留

七　妻命己酉偕偶天成

八　夫運欠亨捷撼波舟不寧

九　水火之年納監生之策授職方合

二百二十　此刻生於金木土之子方合　辛丑日之雷風恒木火相生三爻裝

一 廿三 棲鸞鳳吹折英年悵絕天

二 父四同丁酉

三 弟同生前大數前三三與後三三 父四同戌犬方合

四 春雨前面綠秋風桂自黃

五 年逢二八師妾去夜錦只留在祿來

六 十五六 萬分丁酉良緣鳳締

七 丁宮逢欠通萬雄遇閏己

八 癸丑日元天地泰火土相生一交裝

九 比劫生旺金木土之子方合 肥地發黃牙芳名號綠紗

二百三十

一　廿四　雲龍三八戲相從廟發意

二　父母生同巳酉

三　科逢甲子身赴瓊林

四　父屬犬母屬鼠方合生數

五　生剋生從于人方合　甲寅日之天風姤生文身生大吉昌

六　十八七　二九師妾主祿來承蔭

七　妻命巳酉生

八　廿二一　生年鄉貢士出林甘膽仰

九　多　多逢事事成錦花氣象新

十　丙運正與隆修君往西東

二百四十

一 廿五 双親西帰去風木抱恨多

二 父子媳子同年辛酉

三 銀河欣有路學海豈無瀾

四 父卯犬媳卯牛方合

五 丙寅生日 山擇損三爻木火甚高強

六 十九 二十 帰兮遊矣留何能乎

七 壽生辛酉

八 廿四 儒林欽仰貢士居焉

九 廿三 廿四 木火之年奏名方合

二百五十 拮据不同夏禹胼胝經務畎耘

一　廿六　早歲方期登第成棲營忽已夢黃粱

二　父母同生癸酉

三　戊寅日之澤無困財交初生亦非常

四　父屬犬母屬虎此刻方合

五　庚寅生日當推錄印綬重重大吉昌

六　廿一二　老僧無遊去衣鉢爲祿林

七　妻命癸酉生

八　廿五六　明經自擢貢士名魚

九　甲運之年事事昌文星拱照紫微郎

二百六十　丙運陽陽名譽昭彰

一 廿七 双親俱辭去不可返音容

二 父母同生甲戌

三 宏開梵宇廣種福田

四 父屬犬母屬兔方合此刻

五 全此之分乃貴人之之心去通利祿深

六 廿四三 三八歸垣去祿林去鮮參

七 壽命甲戌生

八 廿八七 入仕之諸貢士名焉

九 亥寅生日酉交規堂亦難多有不妨

二百七十 草彩騰雲舊文情燦雪花

一	廿八	雙親跨鶴去風木三年悲
二		父母同丙戌
三	此刻火土年 发科方合	巳卯生日地水師 艮數重重帝不妨
四		父生屬犬母屬龍
五		閬苑瀛洲好出風 渡翩跹
六	廿丙六	二八延師從衣缽事相當
七		妻命生丙戌
八	廿九 三十	明經由後貢士名標
九	十九 二十	五四年來師緣盡 悟當衣缽主僧家
二百八十	此刻木火鄉 若方合	丁卯日之澤雷隨去應得才六爻裝

一 廿九 悵萍水之未承傷嚴慈之俱逝

二 父母同生甲戌

三 氣象丹新凌霄漢法書光射斗牛

四 父屬犬母屬蛇此刻方命

五 生外萍水逢貴人扣逢利祿濟世與

六 廿七 八 師爺要理書祿林泉寞时

七 妻爺戊戌風之良緣

八 卅一 二 仕階進步以貴馳名

九 火土登科金水 發甲方合 已卯生辰失地晉秀詩猶之大光顯

二百九十 進累令郡麟趾振芳香川抵桂子香

一　三十　壯年方將承歡奚奈椿萱凋謝

二　父母庚辰同生

三　巳刻木火年生仕方合　清貴光彩達邊皈依

四　父屬犬母屬馬巳刻方合

五　木火年安甲方合　辛卯日之風山漸吉、能持之甚高強

六　廿九　卅七　三十五　師在佛前吉祿林寶冥天

七　妻命甲戌生

八　卅四　五三　拔貢題名仕路高階

九　君臣同運福自天申

一萬三百　巳刻身入出門方合　庚運勤砥礪幸掃人寰

三百

一	卅一	孝服臨身並履俱逃
二		父母同生亥戌
三	注刻火木年生仕方合	癸卯日元克宅犯財爻初生四爻榮
四		父屬犬母屬羊合的注刻
五		姊妹兩人內中有損
六	卅一 二	師辭塵去衣鉢出家
七		妻命生亥戌
八	卅五 六	仕途進步以貴馳名
九		鶯啼禁柳芹采泮池
十	注刻身入出門方合	甲辰生日天澤履恩貴生旺正能常

三千二十

一	卅二	四八年来延双李棲臺萎折惆何如
二		父母同生乙亥
三		黃城吐彩寶劍生輝
四		父生屬犬母生屬猴
五		姊妹十六人數中洞然
六	卅三 四	佛告弓名師命当終
七		妻命乙亥生
八	卅七 八	青雲弓路貢士居房
九		丙辰生日坎宮把父兄搭出大吉昌
十		兄弟六人方合危度

一 卅三 二人戀遊双李臨身

二 父母同生丁亥

三 健翮臨風華彩毫帶露珠

四 姊妹七人同父異母

五 父屬犬母屬雞乃合此刻

六 卅五 六 六六祿林寮去踏佛名悝

七 妻生丁亥

八 卅九 四十 貢士名秀春雲乃題

九 戊辰日之多澤節財交持去去高張

三百三十 驥足騁千里文星照一生

三百四

一　卌四　生我鞠我兮安在陟屺陟岵兩无存

二　父母生同巳亥

三　靜室閒日月幽窗度春秋

四　父生屬犬母命屬猪

五　姊妹八人同父各母

六　卌六七　備皆名師玄衣肆為禪房

七　妻命巳亥

八　四一二　仕路為階以貢馳名

九　父母為二心兄弟不和平

十　胸藏錦繡覌湧波濤

一	卅五	父母俱辞去棲雲鸟凋残
二		父母同生辛亥
三		命中多貴人萍水喜相逢
四		父母同屬豬
五		姊妹九人數定不差
六	三九 四十	師命尽矣徒緣不終
七		妻命生辛亥
八	四十三 四十四	貢士名登仕途進步
九		庚辰生日當地豫子孙
三百五十	卅八	逆風好掛帆順流逆浮閏

一 卅五六 桂蕊無催折六六泣孤哀

二 父母同生癸亥

三 芳叢消采畫錦鼓度芳春

四 父屬猪母屬鼠此刻方合

五 蕭然中年無子息遲遲結實保百終

六 四十二 佛告和名師遊西坦

七 妻命癸亥

八 四十五六 名稱貢士聲振辟雍

九 金馬年娶妻方合辰度

三百六十 此刻身習道教方合 多辰日之坎宮把金木遲遲頗衒裝

三百七十

一 卅七 父母双亡椿萱並折

二

三 夫命甲子生姻緣能偶

四 父屬猪母屬牛方合

五 乙巳生人地雷復妻子持齋最為良

六 四十三 四十四 師云似矣挽之不為

七 十三 十四 蘭房鵲報良人浮返

八 四十七 四十八 青雲得路貢士題名

九 雲棠垂帶綠窗花弓歸帷

十 丁巳生辰澤地萃良思持齋最為良

一 卅八 棲鸞無萎此皓何依
二 數乃二子一人送終
三 夫命係兩子
四 父屬猴母屬虎方合
五 宮花喜見枝頭放為報春風占早芳
六 四十五 六 禪林佛台師命但要
七 十五 粧臺間鵲噪言人定遊泮
八 四十九 五十 仕路乃階以貢名揚
九 乙運交來子〻宜硯田點露展文机
三百八十 己巳生居火山旅妻財强產四文張

一 卅九 父母双亡風木傷悵

二 親近貴人經營饒益

三 夫命生在戌子

四 父屬猪母屬兔方是此刻

五 高山流水幽陰累竹青松可洞天

六 四十七 四十八 宜僧西伐玄衣肆為移恩

七 十六 蘭房添喜步青雲

八 五十一 五十二 以貢名標仕途可躋

九 名藤秋早凌雲擢耀高枝

三百九十 辛巳生居火風丹主武持出文張

一 四十 旅歲樓臺折三年苦悽愁

二 數定三子一男送終

三 亥命庚子生

四 父屬猪母屬龍方合

五 癸巳生辰巽宅犯六爻另加二文裝

六 四九 丙十 師命無明言曇雲一斤共

七 十七 椿庭鵲噪良人遊洋

八 丙 三四 六九是逢步以貴姓名氏

九 丁運 草堂觀窗竹文情問砌花

一萬四百 巳運 尾波三湘如章掃兩子軍

四百一十

一 四十一 纔逾不惑旋折桂蕚

二 數至四百一十遂終

三 夫命主子風吉良緣

四 父屬猴母屬蛇合得此刻

五 貴人相逢重山外大展君心易施為

六 五十二 老師圓寂去梵剎鳥聲啼

七 十八 春韶報蘭房仙郎遊膠庠

八 五十六五 以貢榮身仕途伊始

九 甲午日之雞失把西交爲土亦文裝

十 此刻水土年出 仕方合 十年再試驚風雨多至飛馳穩渡涯

一　四十二　一栽桂蕊折三年風雨忽

二　數召三子二子送終

三　亥命乙巳風去良緣

四　父屬猴母屬馬合得比刻

五　比刻金木年納栗方合　丙午日元山火貴財官疊二多文裝

六　五三四　徒緣已終始照樁業

七　十九　才郎遊泮無難次藤齊兼

八　五八七　以貢揚名仕途捷步

九　洋洛齊兼名得意会看藝苑結紅花

四百二十　辛運　思生風雲会唯出日子光明

一　四三　重工双親逝三年風木悲
二　命有四子二子送終
三　夫命丁丑風去預定
四　父屬猴母屬羊方合此刻
五　此刻無土年身入国學方合　戊午日之無地此字應知生太虛
六　五六 五　佛名禪琳玄奧門只為徒
七　二十　蒙房芳花香滿室才郎抱章洋宦遊
八　五九 六十　貢士名揚光工國仕途進步在斯年
九　且看鸞鳳舞作續樸芳花香
四百三十　兩運　風雲際未會暫挫跎

四百四十

一　四四　双親跨雀去風木三年忽

二　數有五子二子送終

三　亥命乙丑預風吉預定

四　父屬猪母屬猴方合此刻

五　此刻異路功名成　子室未年方合　師命歸西去祿林鳥推啼　庚午日元大壯卦父子財官俱高强

六　五六　官人遠洋無家房子孫矣

七　廿一　祿耀臨身明經生貢

八　六一　二一　祿風西樹章成樣而色文章鳳自翔

九

十　癸逢古羲池生文滿一泓硯無筆解珠璣

一 四歲 子送一截各双親俱不離

二 數有四子三子送終

三 夫命辛丑風光良緣

四 父屬猴母屬雞方合此文

五 此刻丑庭發夜方合 生年日之同人卦朱雀持光右高張

六 多十 六十 祿林佛皆擇命師工要天

七 廿二 類次情問壽擢報正是良人遠渡時

八 六三四 游紅度蹁躚名老兼少年

九 仕途進步貴生名揚

四百五十 此刻先天非命方合 乙未生居地山謙兄弟相逢火文謠

一 四六 一年子送母二老登仙时

二 數有五子三子送終

三 夫命癸丑姻緣前定

四 父屬猪母屬犬合為此剋

五 不必早憂無嗣息中運遲招二三兒

六 六二 老師一命悟西方寺寺祿林多儒帝

七 廿三 雜有喜雀連聲噪報道相公入泮时

八 六五 六 以貢揚名仕途進步

九 此剋少年而亡 方合 丁未生辰澤火革正席揚名大吉昌

四百六十 腹有詩書則飛不俗

一　四七　双[illegible]身棲蘆葦折

二　數乃六子三子送終

三　亥命甲寅前生注定

四　父必同屬犬方合先剋

五　卅五　六　西猴忌時破壁飛去

六　六　三四　祿來圓癖亨之不亨

七　廿四　四　福閒不須熱極乃自乃芳香撲鼻來

八　六　七八　年來乃進步貢士姓名標

九　似質稟俊秀文章滂流多

四百七十　先剋中年而亡方合　己未生辰火澤睽上孙掛名家文瑤

一	四八	六八年間先立棲營
二		數已五子四子送終
三		夫命丙寅鳳是良緣
四		壽元二句前一命入黃泉
五	廿七 八	龍生深淵飛騰直上
六	六五 六	老師居佛在禪林華年時
七	廿丙	閨前喜鵲報相互撑藤時
八	六九 七十	老年入仕逢生貴姓名焉
九	此刻死于火金 年方合	辛未生居鳳澤卦兄弟移來文瑶
四百八十	六一 二	良人生宮坤天志老來撐蒂花更焉

一 四九 父跨鸞兮母跨鶴明發不保怀二人

二 数乃六子四子送終

三 夫命戊寅風緣前定

四 壽之三旬前一夢入膏肓

五 此刻死于癸丑年方合 癸未生日坤宮起六爻尋未土爻强

六 六十 祿師悟淨去何處墜天郎

七 七十 藥房齊藤禹才郎入膠庠

八 廿六 文品先上国名蹟貢士班

九 七一 二 游齋已列賢宮後還炬逐姻緣萬兒

四百九十 甲申日元乾宮起酉爻尋伏金爻裝

一 五十 丈年子戌是二主夢影音

二 數乃七子四子送終

三 亥命庚寅前緣已定

四 姊妹十二人先天註分明

五 此刻招得土金火三方合

六 六九 七十 七十年來徒是戒翹首西天歸不歸

七 廿七 門前春鵲噪報道相公採芹歸

八 七 三 四 貢生名揚仕途進步

九 丙申日之山水蒙子孫福壽最高強

一萬五百 數乃八子四子送終

一 五一 椿折萱凋蓼莪可廢

二 數內六子兩子送終

三 夫命主寅風歸良緣

四 兄弟十六人數中定乃損

五 三十 春雷平地震從此變魚龍

六 戊申日之風雷蓋世恩垂逢壽能常

七 廿八 菜房添壽夫入泮宮

八 七 五 六 暮年進步貢士名揚

九 雅致翩翩浚蜀富名高而試應鷹揚

五百一十 姊妹十三人數由前定

一　五二　棲螢不爭被霜催那見音完夢裡回

二　數乃七子五子送終

三　亥命乙卯風緣預定

四　姊妹乃三先損二人

五　卅二一　投竿東海釣得金鱗

六　君乃宏開先業足堪承享福保前程

七　廿九　良人入泮青生蒙房

八　七　八七　是年生貴展布乃階

九　庚申日生小兒卦良星持之壽長妨

五百二十　姊妹齊齊數定二七

五百三十

一 五十三 父跨寉兮母乘鸞孤哀泣血兮昊天

二 数乃八子五子送終

三 夫命丁卯鳳緣早定

四 姊妹四人先損一丁

五 卅三 四 青雲拔足下平地可攀暇

六 干城先備星詞遴韜畧冠騰斗劍光

七 三十 閨內佳音到才郎入泮时

八 七九 八十 新年幸逢仕途進以貴名揚教預知

九 多申日之天然話子孫損去財星環

十 四一 四二 才本多逢合門第增光輝

五百四

一　五四　失怙失恃稱孤稱哀

二　數內七子六子送終

三　亥命巳卯夙吉姻緣

四　數中載定姊妹成羣

五　卅五 六　玉堂承恩曜回首看升騰

六　燕翼貽謀克昌厥後

七　卅一　雅得時開喜雀報言人謀所據苦怛

八　廿九　運籌帷幄之中決勝千里之外

九　此刻身在云庭方合　乙丑日之時卦起六爻爲外出爻應

十　十而姊妹數中註定

一 五之 先怙恃而稱孤哀廢蓼莪而補白華

二 數乃八子六子送終

三 亥命辛卯夙已預定

四 奇敲筆鋒飛驚電凌雲壯氣貫丹霞

五 此刻叔有叁子 五子送之方合 志在螢窗才思日進

六 卅九 三十 年來利益勃然興喜上眉尖色色新

七 卅一 四八年間逢吉貴推有一片藤芹矣

八 六 三 四 牧童吹短笛樵子唤恨稿

九 此刻身屬丙丁方合 丁酉日之大忌扑父母於西高讓

五百五十 四 五 六 天恩下逮榮陞之秋

五百六十

一　五六　樓臺同年遊先後注孤哀

二　比劫羊刃真定將身　伏佾手人方合　巳酉日之大有卦敵來生出大貴良

三　亥命卯癸風世良緣

四　姊妹先居合方比卦

五　卅七八　惶恐報春魚似浪跳

六　卅一二　多因風雨花零落野渡清涼之扁舟

七　卅三　魚芹編生新花樣為我官人掃左郎

八　廿六　書麥攤一庭蒲重彩色新

九　翩翩麟趾盛千城年少誇纓蕤紹甸

十　雄通經史乘時為雨

五百七十

一 五七 一歲喪双親人生大不幸

二 潛養頭角謹淺家會得風雲始見君

三 亥命甲辰鳳世宦緣

四 恰似黃鶯金勒馬猛如楊柳如犀軍

五 三九 四十 青日徘徊路下今朝走馬雲中

六 三七 人事定不錯安述不用憂

七 卅四 良人逝世姓名揚芬氏撲鼻入蒙房

八 比利當西僕丁方合 辛酉日之風地現出雁比和鼎西言

九 青過錦綉千里馬班管青雲五色新

十 道味日深理趣浹洽

五百八十

一　五八　所年去逆星殘甚俱仙遊

二　癸酉日之旺長扑應文魁去金文花

三　亥命兩原良緣夙定

四　命乃貴且光前裕後

五　補授何缺報任高發

六　之處臨冥新弱生卑常　陽陵日告

七　卅五　良人文字遊青眼深知先生報冠軍

八　能文能詩風雅名士

九　甲戌日之大運把木土相沖三交花

十　架工乃詩星何須萬頃田

一 五九 嗟哉失怙恃痛矣称孤哀

二 學如干城威如屏宜民能士惟寄兵

三 夫命既原姻缘预定

四 財利豈亞陶朱跡蹬誰比管仲

五 四十二一 將運交來悟尚益正當譽名奮雄圖

六 卅六 六〻年間閨閣壽高人把學在泮池

七 六十八七 鳳皇山色借詩言河瀆濤聲壓陣雲

八 一技能取甲第武勇奪高魁，

九 商氏日之大富抄書孫朱蕉亦交飛，

五百九十 萬嶽詩文才不假杏壇之工一高環

一 六十 再順之年稱孤哀三年讀禮淚垂腮

二 戊戌日之既濟卦之應比和最為良

三 三九 四十 夫命庚辰鳳之良緣

四 名標虎榜瑞應麟祥

五 身任師儒注化學校

六 四十五 四十六 不勞而運攸往咸宜

七 卅七 榮身芳香撲鼻良人換着藍衫

八 卅三 卅四 恩星拱照身祿榮陞

九 奮志英雄產生彩霞殘花下馬嘶風

一萬六百 空來年陷危父失年告之方合

一　六十一　讀父書而心痛飲杯棬而情傷
二　庚戌日之雷風恆見思重逢亦不妨
三　夫命多限壽多預定
四　五九 六十　恩星照月建福曜值流年
五　四十三 四十四　君子豹變文明之象
六　金鞭縱馬玉花動飛揚萬里奪錦標
七　卅八　閨中喜雀報才郎遊泮捷
八　戊逢　風清月白香來露柳眉花明萬象春
九　七十一 七十二　老年双親喪不孝中之年
六百一十　壬戌日之風火井子卯時去宋文強

一　六十一　壽年百歲至二老一年終

二　受業成均觀上國澄游碧如上丹墀

三　夫命乙巳姻緣前定

四　如火之年中年寅木之年會試方合

五　四十六　羽毛豐滿足上雲騰

六　名登太學聲名遠英年詩賦冠鴻儒

七　卌九　才郎洋如濯青纓佳音疊疊報閨門

八　姊妹十四人方合

九　乙亥生辰為震卦如火相生四爻飛

亨二十　案上詩書足愛心其味不如道味深

一 六十三 七九年來子戰是二老悠遊似夢仙

二 三妻之命逢鼠方宜

三 亥命丁巳姻緣有定

四 子命佳人難諧老

五 富有子金更添好景

六 丁亥生辰澤山咸父母重逢身老張

七 四十 閨外佳音至良人入泮時

八 有智有謀勇冠三軍

九 不憚雖窗苦方許鳳池遊

六十三十 讀書業郎至萬寒乘時得路步青雲

六四四十

一 六四 八二位孤辰相逢主多苦
二 洞房三合逢丑命是同偕
三 亥命巳巳夙世良緣
四 牛命之妻難以偕老
五 四十七八 乘驥揚鞭飛騰千里
六 四十一二 席榜標名幾罷叶夢
七 四十一 雀報蓬島人入泮
八 卅六五 清風明月常以忘憂
九 巳亥生日為火外之虛比合大吉昌
十 道味逢賢遲文雅升堂域

一 六十五 双親壽去三年泣血

二 鴛高三續席和宜

三 亥命辛巳風去良緣

四 庚命之妻半途分離

五 四九 五十 君子更新日蛟龍變化時

六 富局子鍾前生預定

七 四十二 六七年間春至臨良人挽車過費席

八 辛亥日之風無渙去應和生最為良

九 積陰累仁孫子孝許君他日子前程

六百六十 志高力堅前程可許

一　六十六　椿萱同歲折老來稱孤哀

二　命中乃三妻偕老兔命宜

三　夫命癸巳夙世良緣

四　兔命之妻叔當先逝

五　五十二　持竿坐向濠陰要證攜去綸鈎巨鼇

六　癸亥生日地澤臨卦雁合比卦高張

七　四十三　良人遊泮秋香拿滿叢房

八　傷官入數煞重重乃子不得送親終

九　知君文學正逢時未能汎夾列泮池

六百六十　新年何望前程

六百七十

一　百十　孫當貴發

二　命有三妻衣命相宜

三　夫命甲午風世良緣

四　衣命之妻難以偕老

五　五十三 四　問遂孫陽應聲共冀比時

六　雲齊霞蔚篇如錦影秀粧台似畫眉

七　四十四　最喜夫君遂作分棠房闈同藻云爲

八　官思文勇可問前程

九　卅一 二　新創家廈門庭增輝

十　子全產業更有賢郎

六百八

一　五十三　榮和發貴之年

二　妻配晚命可偕老不然何至三眉墨

三　亥命丙午夙世良緣

四　巳命之妻斷不齊眉

五　五十五 五十六　良職也陽和多空僅不移

六　芳矣芳美蓬風鬢眉尖畫出顏毫張

七　四十五　壽筆入蘭房玄君入泮矣

八　四十一 四十二　法政順民心清聲傳學望

九　卅三 卅四　壽氣攤承重逸閑貴子矣

十　承美星臨朱衣暗點

一 五三 四 孤貴之年

二 琴声三換調 馬命許齊眉

三 支命戊午 鳳去良緣

四 兔命屬馬 救不借去

五 五十七 八 欲次投筆海邑去 殺黃見錦鱗

六 文章英氣子人 御侍閣溫君獨自知

七 四十六 良人生為沖霄志 孫吳亡將將字標

八 文星照命許君前程

九 卅五 六 運逢吉曜 主高貴顯

十 文星照命前程可致

六百九十

一 五五六 羨你發達快何如之

二 命召三妻子命傳之

三 夫常庚午姻緣風締

四 求命之妻難以齊眉

五 五九六十 玉堂照耀孝生彩福至文星燦紫霞

六 外火年納暨方合原字

七 四十七 新年多喜慶浮外見安榮

八 連理枝頭鳳集雨合歡筵工召齊多

九 卅七八 召子振家庭滿門沾吉慶

一萬七百 三台星照文星射斗

一 五七八 孙贵之年

二 命中三妻申命而足

三 夫命主有良缘夙缔

四 申命之妻难偕白首

五 六二一 连年不遇今方遇羣吐珠玑姓字香

六 壬年生子谨定虑乎

七 四十八 六八年来闺门喜良人携得泮芹香

八 理透三閫前程可许

九 三九四十 流芳多积荐贵子振家声

七百一十 诗书功深可进一程

七百二

一　五九 六十　所年喜慶梓枝秀蘭孫發達耀宗光

二　逢刑三妻四命偕老

三　夫命已未緣由夙定

四　四命之妻定难偕老

五　六十四　虎啸高山声振岩谷

六　且將國學為身範及時努力奮藍田

七　四十九　喜雀门前噪良人入泮时

八　菊綻映紅日丹桂結子时

九　四十二　门庭增吉耀貴子慶流芳

十　水火之年生貴方合

七百三十

一 六十一二 陂贤发达孙贵之年

二 命该三妻戌命齐眉

三 夫命丁未缘由凤缔

四 犬命之妻必宜分飛

五 六十五六 雀鸟召鍵騆一举便高腾

六 门前雀噪时且喜发新枝

七 五十 閫内方庆大衍重前喜报文荣

八 此刻召七五方合

九 四十三四 喜氣臨门子当发贵

十 徒前四人数由前定

一 六十三 六十四 年届八二維蘭和發達时

二 琴声三变夫命偕老

三 夫命已未鳳締良緣

四 夫命乙亥叔难白首

五 休誇他日能顯宦且喜今朝子异姿

六 姊妹三人方合

七 五十一 今朝幸得撑着根基嘆良人發達遲

八 子坐亦似室方合箕和度

九 四十五 四十六 家門榮樂為子子振家声

十 徒弟五人先天註定

七百四十

一　六十五　六　蘭卿挺秀
二　尋常齊鷺宿蘆夢且喜今朝得美雛
三　夫命辛未緣由鳳締
四　前後妻生子（金土 水火）三子方合壽度
五　文章立身詩酒陶情
六　日久功深君可望名
七　五十二　玉樹花開又結子乳燕來巢又得時
八　良人與入泮不悅侍書灯
九　四十七　八　家門吉慶子孫子振家聲
七刃兩
十　金木三年中年孤失三年會試方會

七百六十

一　六十 七八　晚景喜楠多生子笑舞蘭孫步青雲

二　負志英華光上国是姻策馬步天階

三　大命癸未風締良緣

四　丹桂而入夢明珠掌上珍

五　此刻洞花金木之年方合

六　賀鬼文星臨卯年可進程

七　五十三　卯年遇有喜宜報添有蘭房喜分欢

八　廿五 六　法緣會阻潔清淨佛相隨

九　四九 五十　方發大行到湿江賢郎當遂献喜來

十　午運　午運當時教報君知人與財佳施為

七歹七

一	六九 七十	我以賢之彼逐桂蘭孫之芳馨
二		巳運潛龍不顯露才名休望且隨時
三		亥命甲申
四		玉人已刑四娶鼠命
五	午運	所產雞騰難狗添
六	午運	日中柳絮飛而雪夜馬驅馳不可迟
七	五十四	所報良人貴閨中喜氣揚
八		此刻師命知失生空未死年方合
九	五十一 二	己子振家聲去心移自勝
十	未運	人與財旺並添第至角戰々洒樵林

一　七十一 二　孤貴之年

二　鵬羽方增高受蔭椿系服壽到星房

三　夫命丙申鳳締良緣

四　妻命已刑四死生命

五　姊妹十三人

六　未筮　瓜瓞綿綿石麟天降

七　五十五　良人遠涉紅塵事上眉端

八　五十三 四　壽夜兒量貴業家參書君

九　五十三 四　乃為家聲振榮華空可誇

七日八十　未筮　春前未種子年至陰子桂子滿庭々

七百九

一 七三四 役贤发达孙继祖德
二 文章何用朱衣点雅字自然白玉刊
三 亥命戊申为缘豫定
四 五人召刑四娶離命
五 七一二 老年浮进步贡士姓名成
六 申運 獾兔献果叶好安排家業兴隆寿进财
七 五十六 官人把拿游游永意何寿多可知矣
八 骑鹏万里乘风举蕃国名文飘西国
九 五十五六 且看桂子又开花七八年间启我怀
十 申運 大运亨通寿根连熊罴入梦太人占

一　七十五六　年來如貴
二　天上雨飄桂子碧日透早晴杏花香
三　亥命庚申風歸良緣
四　五人乃刑四配鬼命
五　申運　兒叔活曾六殺子是
六　戌運　輕舟逢順風財萬自無窮
七　五十七　夫婿乃志苦寒苦今於擇日採芹香
八　揚鞭御道花飛馬射策金門白雪篇
九　五七八　天佑善人子登黌序
一萬八百　戌運　運至壽延麟兒降生

八百一十

一 七十八 孫貴之年

二 癸 月明舒懷弓為影 風冷桃灯劍落花

三 夫命生申註定先天

四 佳人屬刑四配註命

五 戊寅 哀哉不能言是天怨罔極

六 經綸才重世所稀 乘时傑生自成亨

七 五十八 闺门歡樂自良人入泮时

八 四十三 四十四 榮登虎榜瑞地麟祥

九 五九 六十 貴子傳芳滿门為榮

十 志運一至萬自足家門興旺美為帶

一 七九 八十 孤贵之年

二 麟阁我添庭品聖澤宝自异奪仔冠

三 亥命乙酉先天润然

四 三刑至妻四娶配命

五 壮氣驚天声高星斗

六 酉運 桂子飄香運当叶吉

七 五十九 夫婿今年服擇藤皇天不负苦心人

八 酉運 披麻星血抱痛終天

九 六十一 二 天佑善人子当荣贵

八百二十 亥字交来财遂心人逢運至業增新

一　八十三　叔侄孫貴

二　庚運　天上麒麟降人間春氣新

三　夫命丁酉前緣註就

四　玉人屬刑四配爲命

五　癸　癸丑雨露點花枝今君交運正當時

六　覽不盡千江月賞不已百苑花

七　六十　交貴三年

八　寒寒霜霜　梨花飄飄染人衣

九　六十三四　天佑善人子當发貴

八月三十　人逢善運進善境春

一　八三四　蘭孫發達足慰老懷
二　晚年喜得麟趾呈祥
三　亥命已配良緣夙締
四　屢刑佳人四娶羊命
五　子運　風吹書工苦脹臨身
六　丑運　財喜隨至美中又美
七　姊妹三人方全
八　揉經方圓機智廣出入剛柔妙用多
九　午五六　積厚流光子當發貴
八百四十　丑運　天降麟兒堪言運泰

八百五十

一 八七 八八 積學流芳蘭孫發貴

二 丑運 命帶刑傷三年淚血

三 亥命辛丑叔中间然

四 玉人屬刑四配穉命

五 命帶福神財氣降臨

六 寅運 不必問本音時至美自新

七 寅運 玉蓮投懷移運叶吉

八 寅運 飄零不定憂及家親

九 午七 八 且喜年多[未]業為右宅發達歷親懷

十 卯運 坐財為運逢美無疆

一 八九 九十 耄年試看蘭孫貴且看崢嶸破我心

二 卯木植三春枝枝發茂榮百般者遂意天上降石麟

三 亥命癸酉教中潤然

四 丙人屬刑四現難命

五 應承重多雖早向栢果合

六 丙辛承歡日不破法四宸

七 四五 六 丙戌庚榜標名姓麟趾呈祥慶無本

八 比剋子木年逢沖方合木宅

九 六九 七十 貴子名揚喜怡悅

八日六十 辰運 運通萬興家道日新

八百七十

一 九十三 喜逢蘭孫貴平步上青雲

二 宝门承翡翠弄璋降麒麟

三 夫命甲戌生數中已洞然

四 丑人属刑、四娶犬命

五 辰運 滄海龍吟子多遂能羅叶桂貴兒生

六 辰運 屢以子規啼門前白雪飛

七 巳運 財源田產旺家運及時新

八 巳運 佳兒添瑞慶溢門楣

九 七十二 子貴之年

十 巳運 子規啼破三更月孝子哀痛二雙親

一　九　三四　数该孙贵

二　丁運　君行丁運守巳亥子耐已好多霜雪春来路吐芳華

三　夫命丙戌数中洞然

四　玉人屬刑四配孤命

五　天榜日幾宮庭边鎬菀妻保禁柳閑

六　比剋配內外三妻方合比卦

七　師徒六人方合先天艮卦

八　洪運已過又宜添壽

九　七　三四　子贵之年

八刃八十　杜鵑泣血命多刑傷

一	九 五六	寿孙发贵
二		财旺临地福乃日新
三		女命戊戌凤缔良缘
四	四 三四	流年把朱雀良星乃蹉跎
五		数该生子
六		午夜雀唳命思丧门
七		运旺财随家道日增
八	廿 七八	浮云蔽日喜雨迷花
九	七 五六	子贵发贵
八百九十		吴山秀色锺麟趾毋桂天香集瑞筵

一萬九百

一 九七 八 長发呈祥孫廸前光

二 雲呈五色傳臚現花列千门輩迭傷

三 亥命庚戌数中润然

四 榮候修撰梓里增輝

五 廿九 三十 弓马入泮

六 姊妹十二人方合

七 人间簇欲麟福萬集门庭

八 風雨無情階前淚洒

九 七 八七 桑榆樂晚景多貴廸前光

明珠入掌玉树生春

九月一

一 九七八 只向孙荣贵点额荣悠悠

二 裘带翩翩拖禹国红云飘飘入杏園

三 支命逢戌数中润遂

四 家業日新财源茂盛

五 四七八 名高试席瑞堪麟

六 偏印 君行利运财喜两佳

七 阴晴未定狂风起霎时骛多雾中花

八 官居翰林荣膺爵禄

九 七九八十 耄年克子贵暮景且舒怀

十 五運 喜进登门美进财兴

一　九九一百　百歲姻順開壽域孙荣发達壽重本

二　楊柳風清珠璟逗芙蓉霞煥宝刀鋒

三　亥命乙亥癸中润越

四　此刻乃四妻之命也生而生或乃木而阴刂阳生登

五　多運　壽氣洋之科登壽臻

六　雲飛天上雪满深山

七　多運　財谷興隆壽中生壽

八　多運　壽臻之壽應查于斯

九　八一八二　子貴之年

九月二十　八月　壽龄时蘂鳥穩又啼

一		文經会双士武緯第一家
二		置田置產人中之傑
三		夫命丁亥先天潤延
四		生子之後喜滿門庭 恶曜星臨孝服之發
五		明月梅杉楕詞清光映毫
六	四五六	出門逢猛虎不傷着一驚
七	八月	謀為順遂收從咸宜
八	八月	子貴之年
九	八三四	美而不美月召琴斷
九月三十	八月	

一　八月　鏡破釵分時月不免

二　八月　坦坦而行

三　亥命巳亥數中註定

四　八月　紅鸞星照見喜免災

五　八月　教誤生子

六　八月　半憂半喜真憂不一

七　口誦彌陀不脫塵在家修行信佛人

八　池邊躍馬雲司夜裡傳喧紫氣來

九　八七　八八　子貴之年

九月四十　八月　此星照命宜謹宜春

一　八月　壽氣騰騰

二　九月　孝服不免

三　夫命辛庚鳳締良緣

四　九月　添丁之喜

五　九月　財源滾滾

六　四九五十　科第榮登熊羆叶瑞

七　九月　不關己事休開口会說人前只是非

八　九月　喜氣盈門

九　八九二十　不當發貴

九百五十　九月　謹防破耗

九月六十

一　九月　履道坦坦

二　九月　休入古廟

三　夫命癸亥救中潤然

四　九月　財帛稱心

五　九月　戊申之歲方宴飛鳴

六　十月　月明無佳菜弦月

七　十月　玉燕投懷

八　十月　須防破耗可免災危

九　九一二　子貴之年

十　十月　禎祥集至

九百七

一 荣膺皇恩星移主政

二

三

四

五 壬申三年在雲卿著

六 卅三 四 山中夜渡出江外秋月光生古在此

七

八

九 九十三 四 子貴母憂是歷苦懷

十 勤儉起家享福過人

九百八十

一 二 三 四 五 六 七 八 九 十

五：廿三 四
乍晴乍雨好花不艷
憂懷畏訊去国还须

九：九五 六
子貴之年

九百九十

一 二 三 四 五 六 七 八 九 十

七 四 六 卌 九

二一 四三 八七 六五 八七

多多不圓心銘越与醇侔
乙卯之年名登貢甲
自有漁人引開悟自在り
高臥林泉心契太古
三島烟霞殊異仙十洲花木不老
多廻光寿

一　二　三　四　五　六　七　八　九　一萬一千

九　乙　卅　　　卅　九
二　又　三　四　一　二　七　八

子廸哥先生怀基歷
貴祿榮遷
中年先所天守節陸孫全
好生之德洽于民心
子貴之年